AF596593

Armand Jean du plessis duc de Richelieu

CONTREDITS DE PRODVCTION,

que baille deuant vous, Nosseigneurs de Parlement, Messire Armand Iean du Plessis Duc de Richelieu, Pair de France, ayant repris les instances au lieu de Dame Marie de Vignerot, Duchesse d'Eguillon, Pair de France, comme Administratrice de sa personne & biens, nommée par le Testament de deffunct Messire Armand Iean du Plessis, Cardinal, Duc de Richelieu, deffenderesse, intimée, & demanderesse.

Contre Dame Claire Clemence de Maillé de Brezé, épouse de Messire Louïs de Bourbon, Prince de Condé, de luy autorisée à la poursuite de ses droits & actions par Arrest de la Cour du 24. Nouembre 1646. appellante, demanderesse, & deffenderesse.

Aux fins & conclusions prises en l'instance.

QVOY qu'il se fasse peu de traitez de grandes matieres, sans le preliminaire des grandes prefaces, l'ornement des figures, & le relief de ces termes de choix & de marque que semble demander leur dignité : Que celle de ce procés soit sans contredit du premier ordre, veu l'importance des biens qui s'y disputent, la supréme éleuation de la Maison où cette Dame est entrée, le nom & la fortune de feu Monsieur le Cardinal de Richelieu, de ce grand homme né pour la gloire de la Monarchie Françoise, la confusion des Puissances ennemies, & de qui l'on peut dire auec bien plus de merite, que Tite Liue ne dît autrefois du grand Camillus, qu'il fut l'œuure admirable de la Nature, & le portrait acheué de toutes les qualitez éminentes de la Vertu. Neantmoins comme les points qui s'y traitent, dépendent nuëment d'vne clause de Contract de mariage, de la forme d'vn Testament, & l'vn & l'autre purement du precepte de la Loy, l'on prendra le party de la faire parler elle-mesme dans la simplicité, que les Iurisconsultes disent luy estre amie, pour luy faire expliquer ses volontez à ses organes viuans, qui doiuent rendre aux parties le sacré depost de la Iustice qu'elle leur a mis entre les mains; comme la seule fin de la fonction de la Magistrature, selon cette belle definition de Platon, *Ius dicere depositum reddere.*

Monsieur le Duc de Richelieu est le successeur choisi par cét illustre deffunt: Messire François de Vignerot, Marquis du Pont son pere, comme son neueu, fils de Dame Françoise du Plessis sa premiere sœur, estoit son principal heritier: tellement que par le bienfait de cette élection il n'a fait qu'accroistre la portion de ses biens que l'ordre des successions faisoit tomber dans sa branche sans le secours de sa disposition.

Mais sa preuoyance ne s'est pas bornée à sa seule personne, elle s'est étenduë à toute la race de cette premiere sœur; & de la premiere à celle de la seconde, par vne substitution graduelle & successiue; de sorte que les mains de Monsieur le Duc de Richelieu ne luy ont serui que de canal pour faire couler les biens qu'il luy a laissez, aux substituez dont il a marqué l'ordre & les degrez, afin de transmettre à la posterité le nom illustre du Plessis de Richelieu, auec assez de biens pour en soustenir l'éclat.

Ce n'est donc pas seulement la cause du premier successeur, c'est celle de tous les substituez qui le doiuent suiure; mais l'vne & l'autre forment l'interest pour la deffense duquel, comme chef du nom, de la Maison & Armes du Plessis de Richelieu, il se trouue engagé dans ce different de justice auec Monsieur le Prince, pour lequel il proteste de garder tousjours les plus sensibles respects; le suppliant de ne rien imputer au zele dont ils procedent, de ce qu'il sera obligé de dire pour la deffense de ses droits, en vne cause que par toutes sortes de conseils il a trouuée estre de justice inuiolable.

Monsieur le Cardinal mourut à Paris le 4. Decembre 1642. Ses deux sœurs, Françoise du Plessis, Dame du Pont; & Nicole du Plessis, Dame de Maillé Brezé, luy auoient laissé deux neueux, & trois niepces; c'estoient les cinq testes presomptiuement successibles.

De la sœur aisnée, sont venus feu Messire François de Vignerot, Marquis de Pont; & Dame Marie de Vignerot, qui est Madame la Duchesse d'Eguillon.

Et de la puisnée, deffunct Messire Armand de Maillé, Marquis de Brezé; Madame la Princesse; & Damoiselle Ieanne de Maillé sa sœur.

Madame la Princesse auoit esté mariée par le deffunt au mois de Feurier 1641. Il luy auoit donné six cens mille liures de dot; sçauoir trois cens mille liures en deniers comptans: & trois cens mille liures és terres de Mouy, Ansac, & le Plessis Billebaut; à cette expresse condition, Qu'elle ne pourroit rien pretendre en sa succession & biens prouenans de luy, soit directement ou indirectement de son chef, ou mediatement en quelque maniere que ce pust estre, tant qu'il y auroit frere germain, ou descendans dudit frere, masles ou femelles; ou qu'il y auroit cousins germains, ou cousines germaines, ou descendans d'eux, masles & femelles, de la branche dudit sieur Cardinal: & ladite Dame receuant le bienfait auec sa condition, s'y soûmettant & l'acceptant, autorisée dudit sieur Mareschal de Brezé son pere & tuteur, & entant que besoin estoit dudit sieur Duc d'Anguyen son futur époux, a declaré qu'elle renonçoit ausdits biens & succession en faueur de celuy ou ceux au profit desquels ledit sieur Cardinal voudroit disposer de ses biens presens & à venir, par institution, substitution, donation, ou à tel autre titre qu'il luy plairoit ; sans laquelle renonciation il est dit, que le deffunct n'auroit point fait cette donation.

Outre cette renonciation, le deffunct auoit laissé vn Testament ; par lequel, aprés auoir disposé de ses biens, qui la pluspart estoient ses acquests, il auoit declaré qu'il ne faisoit aucune mention de sa niepce ladite Dame Duchesse d'Anguyen, dautant que par son Contract de mariage elle auoit renoncé à sa succession, moyennant ce qu'il luy auoit donné en dot, dont il a declaré vouloir qu'elle se tinst contente.

C'est-pourquoy Monsieur le Cardinal estant decedé, Madame la Princesse s'est tenuë tellement excluse de toute participation des biens de sa succession, qu'elle a laissé faire tous les actes publics où ceux qui se pretendent du nombre des presomptifs coheritiers ont accoustumé de paroistre, sans y prendre aucune part, quoy que feu Monsieur le Prince son beau-pere, tres-intelligent & tres-exact, & Monsieur son mary, fussent presens, & qu'ils eussent leur Conseil ordinaire en cette ville.

Le mesme jour du deceds il y eut assemblée chez Monsieur le Chancelier, où le deffunct sieur Desnoyers, Secretaire d'Estat, representa le Testament du deffunct, & suiuant l'ordre qu'il luy auoit donné, le mit entre les mains de Monsieur le Chancelier ; lequel en fit l'ouuerture & la lecture ; & du consentement des parties le retint pardeuers luy, jusqu'à ce qu'elles se fussent accordées de la personne d'vn Notaire pour le garder.

Cét acte a esté public, fait sous les yeux de Messieurs les Princes pere & fils : il ne leur pouuoit estre d'aucun prejudice d'y assister, s'ils eussent eû quelque pretention sur la succession : mais comme ils n'en auoient point, ils en ont laissé faire toutes les affaires, comme l'on fait les affaires d'autruy où l'on n'a point d'interest.

Monsieur le Chancelier a gardé le Testament jusqu'au 28.

Ianuier 1643. c'est à dire prés de deux mois ; & ledit jour 28. Ianuier, les interessez sont de nouueau comparus en son Hostel, luy ont declaré qu'ils estoient conuenus de Parque Notaire, & en leur presence il luy a deliuré le Testament.

Au mesme mois de Ianuier 1643. le sieur de Laffemas, Lieutenant Ciuil, requis par Monsieur le Chancelier, les sieur Boutillier Sur-Intendant, & Desnoyers Secretaire d'Estat, se transporta dans le Palais Cardinal, & fit faire l'inuentaire general de tous les biens.

Vn inuentaire est vn acte public fait pour la conseruation des biens d'vne succession, au profit des coheritiers; tous les interessez y ont esté presens; mais nul n'y a paru pour ladite Dame Princesse : son silence en vn acte de cette qualité, est vne voix par laquelle elle s'est assez expliquée auec le Conseil de sa Maison, que ce n'estoit point son affaire, & qu'elle y estoit sans interest.

Cét acte public fut suiuy au mois de Mars ensuiuant d'vn traité solemnel entre tous les interessez sur leurs diuers interests dans les biens de cette succession.

C'estoit le deffunct sieur Mareschal de Brezé pere de ladite Dame Princesse, en qualité de legataire particulier du deffunct, & comme bail & garde-noble de Damoiselle Ieanne de Maillé sa seconde fille, sœur de ladite Dame; c'estoit le sieur Marquis de Brezé son frere, & par consequent c'estoit toute sa famille.

Il s'agissoit entre autres choses des droits de ladite Damoiselle de Maillé, sur les propres du deffunct pour les portions dont il auoit esté prohibé de disposer par les Coustumes.

Le pere, ni le frere n'ont point compté Madame la Princesse dans cette liquidation de droits, comme excluse par sa renonciation : Elle les a laissé faire dans le mesme sentiment : elle a souffert que les biens ausquels elle eust eû part, si elle auoit esté en estat de succeder, ayent esté deliurez à ladite Damoiselle sa sœur par cette transaction celebre du 31. Mars 1643. produite au procés.

Cette transaction n'a point esté vn traité secret, priué & particulier entre les parties ; ce fut vn jugement arbitral de Monsieur le Chancelier, & desdits sieurs Coexecuteurs testamentaires, aprés plusieurs conferences des parties & de leurs Conseils, Monsieur le Prince, & Monsieur le Duc son fils presens en cette ville, auec vne aussi pleine connoissance de ce qui se passoit que les particuliers interessez.

Tout le reste de l'année 1643. s'est passée dans ce silence approbatif, chacun des coheritiers & legataires joüissans de ses droits en paix & en repos.

Au mois de Ianuier 1644. Madame la Duchesse d'Anguyen a commencé à se plaindre, que quoy qu'elle fust niepce, & l'vne des heritieres du deffunct, l'on auoit tout fait & tout pris sans elle, & à demander partage.

Elle a adjousté, qu'elle sçauoit bien ce qu'on luy vouloit opposer pour deffense, que c'estoit la renonciation portée par son Contract de mariage, & le Testament du deffunct: que pour la renonciation, elle en estoit releuée par Lettres dont elle demandoit l'enterinement ; & que quant au Testament, elle le pretendoit nul.

Pour faire vne declamation publique de cette cause, sans cause, & la porter à l'audiance, l'on a supposé vn appel d'opposition & de leuée de seellé qui n'ont jamais esté, & sur cét appel sans fondement, l'on a pris vn placet pour l'Audiance.

La cause fut plaidée tout le mois de May 1644. & le dernier jour appointée au Conseil : les parties ont écrit & produit.

Cette instance en a produit plusieurs autres incidentes.

Il s'agit à present de contredire par ordre, cotte par cotte, piece par piece, & moyen par moyen, la production principale de ladite Dame Princesse.

Elle conclud par cette production, à ce qu'en infirmant toute la procedure faite sans l'appeller, & enterinant ses Lettres, il soit dit que partage sera fait de tous les biens de cette succession, sans s'arrester à sa renonciation, ni au Teſtament du deffunct, comme actes nuls; & en conſequence que ſa portion luy ſoit deliurée, auec reſtitution de fruits.

Grande entrepriſe pour venir ſi tard, aprés auoir laiſſé tout faire & tout partager: Eſtrange demande qui ne ſçauroit auoir de ſuccés, que l'on ne caſſe vn Contract de mariage paſſé dans le Louure, receu par deux Secretaires d'Eſtat, par le commandement du Roy, où tout ce qu'il y a de plus grand dans le Royaume a ſigné, que ſa Majeſté a honoré de ſa preſence, & en faueur duquel elle a gratifié Monſieur le Prince de cent cinquante mille liures; & que l'on ne caſſe d'vne meſme main le Teſtament de ce grand Cardinal, qui fut & qui ſera dans tous les ſiecles la gloire de ſon païs, le plus bel ornement de nos hiſtoires, & l'admiration de tout le monde aduenir.

L'inuentaire de cette production a deux parties.

En la premiere, ſous les trois premieres cottes, l'on a trauaillé à faire voir des nullitez, qui ne ſont point en la clauſe de renonciation dont il s'agit.

Et en la ſeconde, depuis la cotte D, juſqu'à la fin, l'on a recueilly tout ce que l'on a pû imaginer pour donner atteinte au meilleur & plus inconteſtable Teſtament qui peuſt jamais eſtre fait dans les formes du Droit Ciuil.

DE LA RENONCIATION de Madame la Princeſſe.

PREMIERE PARTIE.

Contre le faict de force allegué pour premiere nullité.

ARTICLE PREMIER.

L'On dit pour premiere nullité, ſous la cotte A, que cette renonciation a eſté forcée & contrainte, & que Meſſieurs les Princes ont eſté obligez de l'accepter, ne pouuans contredire ouuertement sans hazard ineuitable de leurs biens & de leur fortune.

Ce pretendu faict de force, & ce que l'on rapporte pour le prouuer, doiuent estre examinez par les regles, & ces regles estre appuyées sur les textes, les autoritez des Docteurs qui sont les peres de la Iurisprudence, & l'vsage commun de toutes les Cours de Iustice.

La premiere regle de cette matiere est, que la force que le Droit appelle compulsiue, par laquelle on est forcé & contraint de faire quelque chose malgré soy, ne se presume jamais, & doit estre bien justifiée. Cette regle est fondée sur les Decisions Ciuiles & Ecclesiastiques, és loix *Merito. ff. pro socio. & quoties. §. quia dolo. ff. de dolo.* & au chapitre *Causam matrimonii. de officio delegati.* La raison en a esté rapportée par Monsieur Alciat, regle trois, presomption septiéme, Que la force qui assujetit la liberté est en haine à la Nature & à la Iustice, & qu'il faudroit presumer le crime pour la presumer, ce que l'on ne fait jamais.

La seconde regle est, que tout au contraire, l'on presume tousjours pour la liberté contre la violence, & tousjours plustost qu'vn acte a esté volontaire que forcé, *L. Non est verißimile. ff. quod metus causa.*

La troisiéme regle est, qu'vn acte fait en la presence du Roy, ne peut jamais estre dit auoir esté fait par force: ce cas n'a point échappé à l'exactitude des Loix Ciuiles, la decision en peut estre veuë en la loy derniere *ff. quod metus causa*, en l'auth. *de manum. princ. §. patrocinia.* & en la loy premiere, *C. de his qui propter metum ind. non appell.* parce que (dit le Balde sur ce dernier texte) *Vbi Princeps ibi securitas*, Que le Prince est l'ame du Iugement, & que *numquam in judicio præsumitur violentia. l. cùm scimus. §. sin autem. C. de agric. & censitis.*

La quatriéme est, que la presomption commune rejette le faict de force, quand il est allegué par vne personne qui n'est pas de qualité à pouuoir estre forcée : C'est pourquoy les

les Loix Ecclesiastiques decident, que le Prestre n'est jamais presumé auoir souffert de violence ; parce qu'il est défendu de l'autorité de la Loy diuine : *Nolite tangere Christos meos.* Vn premier Prince du sang est vne personne sacrée : les actes des personnes de cette éleuation seroient plûtost soupçonnez de la violence actiue que de la passiue.

Nam est rogare ducum species violenta jubendi,
Et quasi mandato supplicat ense potens.

La cinquiéme est, qu'il ne suffit pas de dire en justice, que l'on a esté forcé & contraint, il faut qualifier les faits & les circonstances de la contrainte ; parce que si elle ne s'est produite par aucun acte exterieur, elle n'a esté que de pure imagination, & par consequent elle passe pour vne allegation vague & non realisée, dont la Iustice ne fait point d'estat.

Il faut donc que quiconque allegue force, rapporte la preuue de son faict. Madame la Princesse a pretendu obeïr à cette regle en produisant trois pieces, par lesquelles elle pretend que son faict de force est justifié ; & ces pieces sont son propre Contract de mariage, & deux actes de protestation des 22. Ianuier, & 9. Feurier 1641. signez de Messieurs les Princes pere & fils : Or l'on ne peut pas s'imaginer comment l'on peut pretendre que ces trois pieces soient des actes probatifs de violence.

Car le Contract de mariage est vn titre formel contre l'allegation pour la liberté.

Il a esté passé au Chasteau du Louure ; c'est vn lieu de seureté, vn asyle contre la violence.

Il a esté passé non seulement en la presence, mais du consentement du Roy Louïs le Iuste, & il a fait l'honneur aux parties de le signer. Si le Iurisconsulte Iason, consultant sur la validité de quelques actes faits de l'autorité du Duc Charles de Sauoye, a dit sous la garantie de la loy, *Non verissimile. ff. quod metus causa. In Ducibus Sabaudiæ qui sunt justissimi, non est præsumptio metus ;* Que peut-on dire d'vn Contract autorisé du consentement & de la signature du plus juste des Rois, puisque la Iustice luy estoit vn heritage paternel, vn acquest personnel : & le glorieux titre de Iuste, dont la voix du peuple l'a baptisé ; la marque & le caractere eternel de la qualité qui luy estoit propre ; *Cùm fides nominum sit proprietatum salus.*

Les Iurisconsultes ont fait grand estat, pour la deffense de la liberté d'vn Contract, de la circonstance des personnes en presence desquelles il a esté passé, *Si coram honestis personis.* Que peut-on dire d'vn Contract où les Personnes augustes, & tout ce qu'il y a de plus grand dans le Royaume a esté present & a signé.

Ce Contract a esté receu par deux Secretaires d'Estat, par le commandement du Roy ; si ce n'est vn titre de liberté, il n'y en peut jamais auoir.

Et enfin il porte l'expression des conuentions volontaires des parties presentes ; comment donc produire pour preuue de force & de contrainte vn Contract qui establit si fortement la volonté ?

Que si l'on veut passer des qualitez à la substance de ce Contract, peut-on conceuoir qu'il ait fallu forcer vne niepce à receuoir d'vn oncle vne donation de six cens mille liures, outre ce qu'il auoit desja fait pour sa Maison ; d'vn oncle qui n'estoit obligé de rien donner, dont les biens pour la plus grande partie estans des acquests, il luy estoit libre d'en disposer, & reduire cette niepce à vne petite portion du peu qu'il auoit de propres dans les Coustumes qui admettent les femelles à succeder auec les masles en collaterale. Il est vray qu'il auoit de grands biens, & qu'il en pouuoit encore acquerir, mais ses grands biens estoient attachez à vne fortune d'éclat, de la nature du verre, toute brillante, mais fragile. L'on n'en sçauroit mieux parler que Seneque, quand il a dit que l'inconstance preside à l'estat des felicitez humaines ; que la Fortune se jouë des presens qu'elle fait à ses fauoris, & prend plaisir tantost à leur oster ce qu'elle leur a donné, & tantost à leur rendre ce qu'elle leur auoit osté : *Mutantur vices felicitatis humanæ, ludit de suis fortuna muneribus, & quæ dedit aufert, & quæ abstulit reddit.*

Le fauory qui meurt reuestu, pouuoit mourir dépoüillé ; dans ces postes de fortune qui sont enuiez de tout le monde, les biens que l'on possede sont rarement ceux que l'on laisse ; de sorte que qui reçoit deux cens mille écus presens pour vne esperance incertaine de biens aduenir dans vn estat si perilleux, ne se doit pas croire mal partagé.

Tout l'aduantage que l'on veut tirer de ce Contract, pour dire qu'il a esté forcé & contraint, est qu'il a esté stipulé par feu Monsieur le Cardinal de Richelieu premier Ministre d'Estat, pour ladite Dame Princesse sa niepce : & sous cette qualité de premier Ministre, l'on veut faire conceuoir vne puissance formidable, vn homme terrible & redoutable aux Princes mesme, qui a voulu ce mariage, qui l'a voulu sous cette condition, & sous le joug duquel il a fallu rompre ou ployer.

Ce discours n'est qu'vn emportement de declamateur, vn vent d'eloquence qu'il faut laisser passer, pour reuenir aux regles de decision & de jugement.

Vn Iurisconsulte de ce siecle, écriuant sur la loy des Empereurs, *Ad inuidiam*, faite pour soustenir les Contracts ciuils contre ces vains pretextes de crainte, dit, qu'ils sont ordinairement recherchez par ceux qui pour appuyer de mauuaises causes veulent tirer en enuie le pouuoir & la dignité de celuy auec lequel ils ont contracté, comme si l'ardeur brillante de la pourpre les auoit tellement éblouïs qu'ils n'ayent pû voir ce qu'ils ont fait & consenty ; & pour vser de ses termes, *Qui vt malam causam quacumque ratione adjuuent, adducere conantur in inuidiam dignitatem illius cum quo contraxerint, quasi solus ardor micans purpuræ oculorum aciem ita perstrinxerit, vt quid agerent quidve consentirent non viderint.* Les loix ciuiles ont rejetté cette vaine exception, & estably pour regle, Que nulle dignité de quelque personne que ce soit ne doit estre tirée en enuie pour en induire ni force ni contrainte dans les Contracts où ils ont esté parties, ou qui ont esté passez en leur presence : C'est cette loy des Empereurs Diocletian, & Maxime, *Ad inuidiam. C. de his quæ vi metusve causa gesta sunt. Ad inuidiam alicui nocere nullam dignitatem oportet quoad metum arguendum per quem dicis initum esse contractum.*

exception des gens rustiques

Cette regle ne souffre que l'exception des gens rustiques qui ont payé à leur Seigneur, pendant plusieurs années, des redeuances dont il n'a point de titre : Car du Moulin, sur le conseil d'Alexandre cent vingt-trois, au liure quatriéme, est d'auis que la puissance du Seigneur, la foiblesse du païsan, & le defaut de titre, doiuent faire presumer que ces payemens ont esté forcez.

L'on contracte valablement auec les Rois, quoy qu'il soit dit d'eux, *Ex ore Regis exit gladius;* & l'on n'a point ouy dire jusqu'à present que l'éleuation au premier Ministere fust vne impuissance & vne interdiction de contracter. Si cela estoit, toutes les acquisitions, tous les traitez, & transactions que feu Monsieur le Cardinal de Richelieu a faites pendant sa vie tomberoient en resolution. Il n'y auroit point de cocontractant qui n'eust plus de couleur que le premier Prince du sang, à dire que ce deffunt estoit tout puissant, qu'il a voulu acquerir son bien à tel prix qu'il a voulu, & qu'il a esté contraint de le luy vendre.

Deux personnes, aprés la mort de Monsieur le Cardinal, ont eû cette vision, & se sont persuadez que prenant Lettres contre leurs contracts, alleguans ces mesmes faits de toute puissance, & de l'impossibilité de refus, sans risque de biens & de fortune, sous l'appuy de Messieurs les Princes, & l'exemple de leurs protestations, ils pourroient se remettre en l'estat qu'ils estoient auparauant.

Le premier fut le sieur Hanart titulaire du Prieuré d'Aunay pour le titre de ce Prieuré : il auoit pour partie Madame la Duchesse d'Eguillon comme administratrice des biens de

Monſieur le Duc de Richelieu, Maiſtre Charles Flaſcourt auſſi pourueu dudit Prieuré, & feu Monſieur le Prince de Conty en qualité d'Abbé de Cluny. Il s'agiſſoit de Lettres obtenuës par ledit Hanart contre le concordat paſſé entre luy & ledit deffunt ſieur Cardinal; ces Lettres eſtoient fondées ſur les meſmes faicts de force, ſur des proteſtations faites deuant & aprés ledit Traité, & ſur l'enonciation expreſſe des proteſtations de Meſſieurs les Princes qui appuyerent ſa cauſe comme vn prejugé de la leur : Et neantmoins par Arreſt du grand Conſeil tres-contradictoirement donné le 19. Aouſt 1644. produit au trente & vnieſme ſac de l'inſtance, le Concordat a eſté jugé valable, & ledit Hanart deboutté de l'effet & enterinement de ſes Lettres.

Le ſecond qui voulut encore tenter ce que quelques Iuriſconſultes appellent le ſort & l'aduanture du Iugement, non point au grand Conſeil, mais en la Cour, fut le ſieur Hurault cy-deuant Comte de Limours, aſſiſté du ſieur Marquis de Sourdis, & de la Dame de Balſac d'Antragues; le combat n'eſtoit pas pour vn Benefice, mais pour le Comté de Limours : ces parties en vouloient faire caſſer le Contract ſur les meſmes moyens qui ſont alleguez pour Madame la Princeſſe : & Madame la Ducheſſe d'Eguillon les ſouſtenoit mal fondez en cette inſouſtenable & temeraire pretention : Monſieur le Procureur General du Roy, & Monſieur le Duc d'Orleans eſtoient parties en la cauſe : & le public a encore veû confirmer ce Contract dudit deffunt par Arreſt contradictoire de la Cour du 17. Mars 1646.

Le deffunt eſtoit-il plus puiſſant & plus formidable à Monſieur le Prince qu'au Comte de Limours; & ce premier Prince du ſang royal plus foible & moins capable que ce Gentil-homme, d'vne declaration de refus.

Cette premiere piece produite pour eſtablir force & contrainte en la renonciation dont il s'agit, n'a pas eſté difficile à contredire, puiſque d'elle-meſme elle deſtruit l'induction, juſtifie le contredit, & ferme la bouche à la partie qui l'approuue en la produiſant.

Les deux autres pieces qui ſont produites pour preuue que la renonçante a eſté forcée à conſentir cette renonciation, ſont les deux actes de proteſtation des 22. Ianuier, & 9. Feurier 1641. dont il a eſté parlé.

La premiere penſée que doit auoir quiconque lira ces deux actes de proteſtation, eſt de demander ſi ce n'eſt pas Madame Claire Clemence de Maillé qui eſtoit habile à ſucceder à feu Monſieur le Cardinal ; ſi ce n'eſt pas elle qui a pris Lettres pour eſtre releuée de ſa renonciation ; ſi ce n'eſt pas à elle à qui Monſieur le Prince a abandonné ce procés, puiſqu'il a voulu qu'il n'y euſt qu'elle qui fuſt partie, comme y ayant ſeule intereſt, & comme n'y en ayant point en ſon nom : Et comment, l'on veut ſe ſeruir en ce meſme procés de deux proteſtations qui ne ſont faites ni par cette perſonne ſeule intereſſée, ni par ſon tuteur, ni pour elle en aucune qualité, mais par feu Monſieur le Prince, qui eſtoit à cét égard, *extranea perſona*, & par Monſieur ſon fils qui n'eſtoit ni l'habile à ſucceder, ni le renonçant ; & qui n'ayant point voulu eſtre partie en ce procés, a reconnu n'y auoir point d'intereſt.

On ne proteſte point pour ſoy, au lieu d'autruy ; on ne proteſte point pour autruy ſans qualité, charge, ni pouuoir ; ce ſont deux nullitez que ces actes portent ſur le front.

La premiere reſulte des termes de leur conception ; Meſſieurs les Princes n'y parlent que pour eux, non point pour la renonçante ; & pour auoir ſujet de ne point parler pour elle, ils ne diſent pas qu'on la veut faire renoncer, mais que les conditions qui leur ſont propoſées ſont extraordinaires ; *Comme de renoncer par noſtredit fils pour ladite Damoiſelle* : Et ils adjouſtent, parlans touſjours pour eux limitatiuement : *Neantmoins nous ſommes forcez d'accepter leſdites conditions* : Et en ſuite ; *C'eſt pourquoy nous* : & par conſequent pour eux, & en leurs noms perſonnels, nullement pour celle qui deuoit renoncer.

Et la Cour fera cette obſeruation, que lors de cette proteſtation du 22. Ianuier il n'y auoit point encore d'articles ſignez; car la procuration du pere n'eſt que du 30. tellement qu'il n'y auoit encore ni accords, ni fiançailles; & par conſequent il n'y auoit point encore de liaiſon entre les parties.

Ce ſont donc des proteſtations faites dans l'intereſt d'autruy, par perſonnes non intereſſées, où l'intereſſée ne parle point; & par conſequent ce ne ſont pas des pieces pour la cauſe de Madame la Princeſſe.

Au contraire, l'on peut dire auec fondement, que ces pieces la deſtruiſent: Meſſieurs le beaupere, & le futur mary parlent; mais la renonçante ne parle point: Quelle autre raiſon de ce ſilence, que ſon defaut de volonté?

La ſeconde reſulte non ſeulement des actes, mais encore de l'eſtat des qualitez des parties: Madame la Princeſſe auoit Monſieur ſon pere pour tuteur; c'eſtoit la perſonne legitime qui ſouſtenoit ſes droits; c'eſtoit à luy à dire qu'il auoit eſté forcé, s'il y auoit eu de la force: or il ne l'a point fait; mais tout au contraire, & par la procuration qu'il a volontairement paſſée au païs d'Anjou où il eſtoit, & par la miſſiue dont il a voulu l'accompagner, & par ces termes dont il s'eſt ſeruy pour exprimer l'excés de ſa reconnoiſſance: *Vous proteſtant ſur le ſalut de mon ame & ſur la perte de mon honneur, que je voudrois n'auoir qu'vn jour à viure, & en mourant vous pouuoir témoigner, &c.* il a rendu témoignage d'vne volonté non ſeulement libre, mais d'vne liberté perſuadée des grands auantages qu'il trouuoit pour ſa fille & pour ſa maiſon dans la concluſion du mariage ſur les articles qui luy auoient eſté enuoyez.

Cette proteſtation du pere tuteur de la renonçante toute contraire à celle de Meſſieurs les Princes, eſt la ſeule à laquelle la Iuſtice ſe peut arreſter. Il faut écouter la parole de la personne legitime qui seule pouuoit parler pour la fille renonçante, & passer pour inutile cette clameur secrette & clandestine de personnes en qui le droit ne pouuoit auoir jamais de residence; qui n'ont ni renoncé, ni esté capables de renoncer; qui n'ont parlé que pour eux dans ces protestations, & nullement pour la renonçante, dont le silence dans ces actes est plus fort pour destruire, que leur parole pour establir qu'elle a esté forcée à renoncer: Ce qui tombe sous la decision de Barthole, sur la loy *Tutor. ff. de min. 25. ann. Quæ protestatio nihil operatur, quando is qui protestatur non habet personam protestandi legitimam.*

Mais quand la renonçante y auroit parlé, ce sont des protestations clandestines non notifiées, ni signifiées pendant la vie, ni aprés la mort de feu Monsieur le Cardinal, & qui par consequent seroient inutiles pour donner atteinte à quelque Contract que ce fust; beaucoup moins à vn Contract de mariage, & à vn Contract de mariage autorisé du bienfait, du consentement, & de la signature du Roy dans son Louure.

Les Sages se sont formé des regles de Morale, & de Iustice sur toutes les matieres qui pouuoient faire des differens entre les hommes, & ces regles sont deuenuës des principes par l'vsage de tous les temps qui les ont suiuis.

Cette matiere de protestations n'a pas échapé à leurs soins: & quand on leur a demandé, si, & quand les protestations doiuent estre intimées & signifiées; ils ont répondu par cette distinction, Que quand l'acte contre lequel on veut protester, ne regarde que le protestant & son interest seul, il peut faire seul la protestation; parce qu'estant le maistre de son fait, *Est pro ratione voluntas. l. quia poterat. ff. ad SC. Trebellianum.*

Mais quand il s'agit d'vn Contract de deux, ou plusieurs personnes, où chacun a son interest, & qui se forme du concours de deux ou plusieurs volontez reciproques, il faut que la protestation soit faite à partie interessée. *In eis quæ pendent*

pendent ex voluntate mea, & alterius, semper debet fieri protestatio parti. Ce second membre de distinction est encore appuyé sur les textes formels des loix *Codicillis.* §. 1. *de leg.* 2. & *l. Si debitor.* §. 1. *ff. quibus modis pignus vel hypoteca soluitur.*

La theorie commune de tous les Iurisconsultes est, que le §. *Celsus. l. qui in aliena. ff. de acq. hered.* ne s'entend point des protestations qui se font contre les actes, *Qui geruntur cum alio;* parce que la surprise seroit trop grande à la bonne foy du contractant, qui de sa part croit faire vn acte stable & permanent, si l'autre par vn acte secret & clandestin le pouuoit inualider: Mais ils sont tous d'accord qu'à l'égard des actes reciproques, l'on doit suiure la decision du §. *Locator horrei. l. cum plures. ff. locati & conducti;* qui veut que la protestation soit intimée à partie; autrement c'est *propositum in mente retentum non nocens ei cum quo contrahitur:* Par la decision de la loy, *Si repetenti. C. de condict. ob causam.*

Et quand ces protestations seroient aussi valables qu'elles sont nulles, & que Madame la Princesse, ou son tuteur les auroit faites aussi bien que Messieurs les Princes; qu'est-ce que protestation autre chose que la parole écrite d'vne partie, & cette parole que la marque d'vne pretention qu'elle a que l'acte a esté fait par force. Mais quand l'on est deux, que l'vn affirme, & l'autre denie; celuy qui nie a tousjours raison, tant que celuy qui affirme ne prouue point sa pretention. Vne protestation, quand elle est valable, peut bien conseruer le droit que le protestant peut auoir; mais elle ne luy donne pas le droit qu'il n'a point. La protestation, disent les Iurisconsultes, ne prouue pas la force & la coaction: *Sed aliter debet probari in l. metum. C. quod metus causa, &c.* Le Contract est tousjours beaucoup plus fort que la protestation; c'est-pourquoy quelque protestation qui soit faite au contraire, mesme de la part du mineur; si les causes n'en sont d'ailleurs bien justifiées, la protestation est inutile: C'est la decision des deux grands Docteurs, Barthole, &

Balde, ſur la loy, *Tutor. ff. de min. 25. annis*, & celle de toute la Iuſtice en cette matiere.

Ces deux actes de proteſtation ont donc eſté bien inutilement produits, auſſi bien que le Contract de mariage, puiſque l'vn fait pleinement foy de la liberté de ſes conuentions; que les autres ne contiennent que des allegations qui ne ſont pas des preuues, & eſtabliſſent par le ſilence de la renonçante, & de ſon tuteur, ſeules perſonnes intereſſées, qu'ils n'ont pas voulu eſtre proteſtans contre vn Contract ſolemnel qu'ils ſçauoient bien auoir eſté paſſé en toute franchiſe & liberté de conſentement, & certes auec beaucoup de raiſon. Car proteſter contre vn Contract de cette qualité, c'eſt proteſter contre le Roy qui l'a ſigné & donné cinquante mille écus en faueur d'iceluy. Le Balde, en ſon Commentaire ſur le traité de Paix de Conſtance, dit, Que dans les Contracts des perſonnes illuſtres, Princes, & Ducs, *debet exuberare bona fides, nec de apicibus diſputandum, ſed in iis ſola iuſtitia naturalis attendi.* C'eſt proteſter contre vn bienfait de deux cens mille écus; contre vn oncle qui n'eſtoit tenu de rien donner, & qui pouuoit diſpoſer librement par teſtament de la pluſpart de ſon bien; contre vne donation, pour en aneantir la condition, & en profiter contre la volonté du donant, en rejettant la loy, qu'il a voulu & pû donner à ſa liberalité.

Mais ſi la Cour veut ſe donner la peine de lire ces actes inutiles & rejettables, elle verra qu'il n'y a rien de plus leger que ce qui eſt dit pour couleur de cette pretenduë force & contrainte: *Nous n'auons osé contredire à cauſe de l'autorité du Roy preſent, & puiſſance dudit ſieur Cardinal.* Ce ſont les termes de l'acte du 9. Feurier 1641.

Il a eſté monſtré par textes, & par autoritez, ſans contredit, que la preſence, le conſentement, & la ſignature du Roy ne mettent point de defaut dans les actes; mais au contraire ſuppléent aux defauts & manquemens de formalité qu'ils pourroient auoir, ſuiuant la deciſion expreſſe de la joy, *Omnium. C. de Testam.* Et pour adjouster aux decisions ciuiles, les decisions Ecclesiastiques, la Decretale du Pape Innocent troisiéme, au chapitre, *Cùm dilectus. de iis quæ vi metusve causa*, addressée aux Euesques de Marseille & d'Agde, sur le differend des Chanoines des Isles d'Hyers, qui disoient que par crainte & violence ils auoient esté forcez d'embrasser la Regle de Cisteaux ; où il decide contre eux, *Nonobstante violentia quæ proponebatur illata, cùm neque metum mortis, neque cruciatum corporis contineret, & ideo non potuerat cadere in constantes.* Tellement que par les maximes de l'vn & de l'autre Droit, vne simple allegation de crainte n'est pas écoutée contre vn Contract, il faut qu'elle soit telle par les circonstances que *poßit cadere in constantem virum.*

La Glose sur le chapitre, *Insinuante qui Clerici vel vouentes*, trenche nettement sur ce mot du texte, *metu regio*, Que le commandement du Roy ne fait pas le fondement d'vne juste crainte. Et les Docteurs, sur le chapitre, *Causam matrimonii. de offic. deleg.* Que l'acte n'est point vitié par cette crainte de respect qu'ils appellent reuerentielle.

Messieurs les Princes n'ont pas dit par ces protestations, qu'ils ont esté forcez de consentir au mariage ; ils ne disent mesme pas qu'ils ayent esté induits, ni persuadez de le vouloir.

Mais tout au contraire, il est justifié par vne liasse de Lettres missiues de feu Monsieur le Prince ; que c'est luy qui a preuenu, prié, pressé & sollicité feu Monsieur le Cardinal : Il a esté lent & difficile à s'y resoudre, parce qu'il auoit des desseins pour la conseruation de son nom & de sa Maison, que la grandeur de cette alliance sembloit gehenner & contraindre. Ses pensées estoient hautes & releuées, mais elles ne regardoient que la gloire de son Maistre & de son Estat, & la satisfaction de laisser aprés sa mort vne Maison de son nom qui peust se soustenir par ses biens dans le seruice de ses Rois.

Il est donc certain que c'est Monsieur le Prince qui a

voulu ce mariage, puisque ses Missiues le prouuent, & qu'il ne dit mesme pas dans ces deux protestations qu'il ait esté induit, ni forcé à le consentir : mais il dit qu'il vouloit les deux cens mille écus, sans renonciation à l'esperance de la succession, & que Monsieur le Cardinal ne les a voulu donner qu'à cette condition. Il n'a donc pas protesté contre le mariage, mais contre la condition apposée en la constitution liberale de la dot; ce qui n'auroit jamais esté écrit s'il auoit esté bien pensé. Il faloit dire, que Monsieur le Cardinal n'ayant voulu donner que deux cens mille écus à sa niepce, à la charge de ne rien pretendre au surplus de ses biens & succession aprés sa mort, l'on n'auoit pas voulu consentir au mariage sous cette condition, & que l'on a esté forcé d'y consentir. Ces actes au moins n'auroient manqué que de fondement : mais approuuer le mariage, deuant qu'il a esté fait, & aprés qu'il a esté fait; & vouloir par ces protestations qu'vn bienfaiteur ou donne plus qu'il ne veut donner, ou ne soit pas maistre de la condition de son bienfait, l'on peut dire qu'il n'y auoit pas matiere de protestation, & qu'il n'y auoit qu'à ne vouloir point le mariage, si on ne se contentoit pas ou de la quantité, ou des conditions de la dot.

Si le Contract de mariage, & ces deux actes seuls produits pour justifier le faict de force, ne le prouuent point, & laissent tout l'auantage à la liberté, ce premier moyen de pretenduë nullité doit donc estre rejetté de la contestation, & cette premiere cotte passée pour chose inutilement écrite.

Il ne sera adjousté à ce contredit qu'vne remarque qui seroit de consequence, si la bonne cause en auoit besoin: c'est que Messieurs les Princes auroient dérogé à leurs protestations, s'ils en auoient fait de valables, par plusieurs actes contraires, approbatifs, & executifs du Contract de mariage en general, & de la constitution de dot en particulier.

Le premier eſt le payement de trois cens mille liures pour moitié de ladite conſtitution de dot; il a eſté fait aux meſmes Meſſieurs les Princes qui auoient auparauant proteſté; ils ont touché cét argent, ils en ont donné quittance pure & ſimple, & ſe ſont obligez conformément à la clauſe du Contract, d'employer ces deniers en terres nobles.

Cét acte n'a eſté precedé, accompagné, ni ſuiuy d'aucune proteſtation de leur part.

La mort de Monſieur le Cardinal ayant fait ceſſer le pretexte du ſecret de ces proteſtations, elles n'ont point eſté ſignifiées; & le ſilence de Madame la Princeſſe en l'acte d'ouuerture & depoſt du Teſtament, en l'inuentaire public des biens de la ſucceſſion, & en la tranſaction dudit jour dernier Mars 1643. ſeroient autant d'actes derogeans à ces proteſtations qui en auroient aneanty l'effet, ſuiuant la deciſion de la loy, *Cùm in plures. §. locator. ff. locati & conducti.* & la tradition de Barthole ſur la loy, *Non ſolum. §. morte. ff. de operis noui nunciatione. Actu contrario proteſtationi non ſignificatæ proteſtatio euaneſcit.*

Sous les cottes B, & C.

Madame la Princeſſe pretend encore nullité de ſa renonciation par trois autres conſiderations.

La premiere, Qu'elle n'auoit pas encore quatorze ans lors qu'elle a eſté mariée.

La ſeconde, Qu'elle n'a point eſté autoriſée dudit ſieur Mareſchal de Brezé ſon pere qui eſtoit ſon tuteur.

La troiſiéme, Que les renonciations aux ſucceſſions collaterales ſont nulles, & reprouuées.

Les pieces qu'elle produit pour preuue de ces trois pretenduës nullitez, ſont,

La copie des articles de ſon mariage, & de la procuration dudit ſieur de Brezé ſon pere, tranſcrite au bas de ces articles.

Son Contract de mariage par employ.

Vn extrait qu'elle dit estre de son baptistaire, datté du 14. Iuin 1633.

Plusieurs autoritez du Droit Ciuil, & de Maistre Charles du Moulin, pour persuader que l'on ne sçauroit valablement renoncer à vne succession future de collateral.

L'acte de l'inscription en faux formée contre la procuration dudit sieur de Brezé.

Et les moyens de faux par vn employ.

Contre le defaut de l'âge de quatorze ans, opposé pour seconde nullité.

ARTICLE SECOND.

POVR appuyer cette consideration de l'âge, l'on suppose, que quoy qu'vne fille puisse estre mariée à douze & treze ans, elle ne sçauroit valablement renoncer à vne succession auenir qu'elle n'ait l'âge de quatorze ans ; ce qui est contraire aux Regles : car il faut demeurer d'accord que le Droit n'a consideré que deux sortes d'âge, celuy de la puberté qu'il appelle l'âge parfait, qui est douze ans pour les filles, & quatorze ans pour les masles. *In masculis quidem quartum-decimum annum spectandum : in fœminis verò duodecimum annum completum*, dit la loy, *A qua ætate. ff. qui testamenta facere possunt :* & l'âge de la pleine majorité qui est l'âge de vingt-cinq ans.

Vne femelle âgée de douze ans, peut faire testament de tous ses biens, suiuant le §. *Præterea*, aux Instituts, *Quibus non est permissum facere testamentum.* Elle est deliurée de puissance de tuteur au mesme liure, *Quibus modis tutela finitur.* Enfin elle est de ceux, *qui sunt sui juris*, & capables de toutes sortes de Contracts, sous l'autorité de leurs curateurs, és cas où cette autorité est necessaire : & ces curateurs sont nommez par elle-mesme, suiuant le §. *Item inuiti. de curatoribus :* & la pratique des Cours de Droit écrit.

Or l'on ne pretend pas pour Madame la Princesse, qu'vne

fille doiue auoir l'âge de vingt-cinq ans pour renoncer valablement à vne succession auenir.

Car l'on sçait que l'vsage, & la possibilité est au contraire, en ce que ces renonciations ne se peuuent faire que par Contract, & en faueur de dot de mariage; & que l'on n'attend pas à marier les filles qu'elles ayent atteint l'âge de vingt-cinq ans.

Il faut donc reuenir à l'âge de puberté, qui est douze ans, puisque le Droit n'en connoist point d'autre pour la validité des actes qui se peuuent faire auant l'âge de vingt-cinq ans.

La raison est, que quiconque est habile à contracter mariage, est capable de toutes les conuentions legitimes qui ne se peuuent stipuler qu'en Contract de mariage. Ce point fut jugé par vn Arrrest celebre donné le 13. Auril 1585. depuis prononcé en robes rouges par feu Monsieur le President de la Guesle le 7. Iuin ensuiuant, entre Estiennette, & Iean Rolland Henry, sur vn appel du Seneschal de Lyon: La renonciation auoit esté faite par ladite Henry à l'âge de douze à treize ans; neantmoins elle fut deboutée de ses Lettres par cét Arrest : & ce qui est d'obseruation singuliere, est, qu'elle auoit renoncé pour quatre mille huit cens liures seulement, quoy que ses pere & mere fussent lors riches de trois cens cinquante mille liures, & qu'ils eussent laissé par leur mort cinq à six cens mille liures de bien.

Il est donc fort inutile de dire, que Madame la Princesse n'auoit pas encore atteint l'âge de quatorze ans, puisque quand elle n'auroit eû que douze ans, elle auroit pû valablement renoncer.

Mais il n'est pas vray qu'elle n'eust que treize à quatorze ans, elle en auoit quinze à seize : car il est certain qu'elle est née en 1626. c'est vne dispute de faict. Or il est de maxime sans question, que quiconque allegue son âge, & qui veut reuenir contre son propre Contract, sous ce pretexte de minorité, eſt de droit obligé d'en rapporter la preuue, *Cùm te minorem eſſe proponas, adire præſidem prouinciæ debes, & de ea ætate probare. l. 9. C. de probationibus.* Il faut voir de quelle qualité doit eſtre cette preuue : L'âge, par le Droit Ciuil autrefois ſuiuy en France, ſe prouuoit par depoſitions de témoins : mais pour les inconueniens qu'y a fait naiſtre l'abus ordinaire de la puiſſance ſur la foibleſſe, le Roy François premier, par cette Ordonnance celebre de l'an 1539. a fait la regle qui s'eſt toûjours obſeruée depuis dans la Iuſtice, Que la preuue de l'âge doit eſtre rapportée par écrit; & pour cét effet qu'en chacune Paroiſſe il doit eſtre tenu regiſtre des Bapteſmes des enfans, par les extraits deſquels ſera prouué le temps de majorité, ou de minorité ; auec injonction à tous Curez, & Vicaires d'apporter annuellement aux Greffes des Sieges leſdits regiſtres des Bapteſmes, & de les venir affirmer veritables en perſonne, ou par procureur.

Or Madame la Princeſſe ne rapporte point l'extrait de l'acte de ſon Bapteſme, tiré du regiſtre de la Paroiſſe de Brezé, où elle a eſté baptiſée, faiſant mention du temps de ſa naiſſance & de ſon Bapteſme. La piece qu'elle rapporte n'eſt point l'acte de ſon Bapteſme, mais vn acte fait pluſieurs années aprés en l'année 1633. lors que les ceremonies ont eſté faites; dans lequel acte on a fait gliſſer par maniere de diſcours, qu'elle auoit eſté baptiſée cinq ans auparauant par Meſſire Iean Fougerey, Vicaire de ladite Paroiſſe de Brezé, le 25. Feurier 1628. & que ce fut le jour de ſa naiſſance : tellement que ce n'eſt pas l'acte du Bapteſme, mais vn diſcours enonciatif du temps qu'il a eſté fait, ſigné d'autres perſonnes qui n'y eſtoient point, & ne diſent point auſſi y auoir eſté preſens ; & ce qui eſt remarquable, en l'abſence de ce Meſſire Iean Fougerey qui a fait ce Bapteſme, ſans qu'il y ait eſté appellé, veu, ni ouy ; & par conſequent ce n'eſt point vn acte de Bapteſme écrit ſur le liure au temps qu'il a eſté fait par celuy qui l'a adminiſtré, mais vn témoignage de gens

gens qui n'y estoient point, sans permission de Iustice de faire ouïr des témoins, ni serment presté partie appellée, pour rendre des depositions ; & par consequent il n'y a rien de plus nul, & cette nullité est fondée sur le texte exprés de l'Ordonnance.

Il y a plusieurs obseruations à faire sur la piece que Madame la Princesse rapporte. Elle est conceuë en termes impersonnels : car c'est la piece qui parle, & non point celuy qui l'a signée : Elle dit, *Que le* 14. *Iuin* 1633. *a receu les ceremonies du saint Baptesme Claire Clemence de Maillé, fille, &c.* Et l'on adjouste en suite ces mots par maniere de discours & enonciation de chose passée ; *Ayant esté baptisée par Messire Iean Fougerey Vicaire dudit Brezé, le* 25. *Feurier, jour de sa naissance* 1628. *Qu'elle a eû pour Parrain Philippes Maugars, & pour Marraine Françoise Girard, femme de Nicolas Roüet, choisi par la mere ; & que lesdites ceremonies ont esté conferées dans la Chapelle du Chasteau de Brezé, par le Pere Chaufour de l'Oratoire, du consentement & permission de Messire Iulien Rousin Curé de la Parroisse dudit Chasteau, present Messire Gilles Sigonne Curé de saint Vincent de Brezé, du Pere Iean Gaudin de l'Oratoire, & de Meßire Pierre Tiran Vicaire.* Ce sont les termes de la piece, en laquelle personne ne parle. Ce n'est point le Pere Chaufour qui dit auoir fait les ceremonies ; ce n'est point le Curé Sigonne, ni le Vicaire Tiran : c'est la piece, c'est le papier ; & on luy fait dire que la naissance, & le Baptême sont du 25. Feurier 1628. cinq ans auparauant. Tellement que c'est vne deposition, sans deposant, sans permission, & sans serment : & si l'on demandoit au Pere Chaufour, au Pere Gaudin, & à ces autres qui ont signé cét acte, s'ils y estoient quand le Vicaire Fougerey a baptisé Madame la Princesse, & comment ils sçauent qu'elle fut baptisée le 25. Feurier 1628. il ne faut point douter qu'ils ne disent que cela n'est pas de leur faict, qu'ils n'en ont donné ni témoignage, ni certificat ; qu'ils n'ont entendu signer qu'vne attestation de ce qui estoit de leur faict, sçauoir des ceremonies de 1633. qu'ils n'ont pas pris garde à ce diſcours enonciatif, ou n'ont pas eſtimé qu'il puſt eſtre d'aucune conſequence.

Cét acte eſt donc rejettable, comme inutile, par toutes ſortes de raiſons, puiſque ce n'eſt pas l'acte du Bapteſme fait lors de la naiſſance, qu'il ne fait point de foy du Bapteſme, mais bien des ceremonies faites pluſieurs années aprés le Bapteſme. Le Bapteſme a eſté fait par Meſſire Iean Fougerey Vicaire, & ces ceremonies adminiſtrées par le Pere Chaufour de l'Oratoire : c'eſt le premier acte qu'il faut voir ; ce que le ſecond en rapporte par ſimple recit ne ſert de rien, parce que ce n'eſt qu'vne relation à vn acte precedent, & que de droit *referenti non creditur, niſi conſtet de relato :* Que ceux qui ont ſigné ce dernier acte n'ont pû faire autre choſe que témoigner ce qu'ils auoient fait & veû, *in ipſo actu*, en 1633. & n'ont pû, ni deû parler du faict d'autruy, & de ce qui auoit eſté fait pluſieurs années auparauant.

Bref, il y a eû vn Bapteſme fait le jour de la naiſſance par le Vicaire Fougerey, & par conſequent il y en a eû vn acte écrit ſur le regiſtre, puiſqu'il y a vn regiſtre, & que tous les autres actes de Bapteſme des enfans de la Parroiſſe y ſont écrits: C'eſt donc cét acte qu'il faut rapporter pour preuue de l'âge, autrement l'on demeure aux termes de la ſimple allegation d'vn faict qui n'eſt ſouſtenu d'aucune preuue.

Mais dequoy s'agit-il en cette conteſtation, pour rechercher la preuue de l'âge : eſt-ce de quelque alienation que Madame la Princeſſe a faite de ſon bien par ſon Contract de mariage ? Nullement; ſon Contract de mariage luy a conſerué ſes droits paternels & maternels en leur entier, tant en fonds que fruits, ſans aucune diminution. Il n'eſt queſtion que de la donation de deux cens mille écus que feu Monſieur le Cardinal luy a faite: Or il n'y a point de mineur, & de pupil en quelque âge que ce ſoit, qui ne ſoit majeur pour accepter vne donation: C'est la decision de Iustinian aux Institutes, *De auctoritate tutorum ;* & la doctrine commune des Arrests : la raison est, que le mineur ne fait que receuoir, & ne donne rien: on s'oblige enuers luy, & il ne s'oblige enuers personne.

Et quoy que cette donation soit faite sous condition de ne pouuoir rien pretendre au surplus des biens & succession du donant, soit immediatement de son chef, soit mediatement en quelque maniere que ce soit, tant qu'il y aura cousins germains, ou cousines germaines, ou descendans d'eux, masles & femelles de la branche dudit sieur Cardinal ; cette condition n'oste rien au mineur du bien qu'il auoit, mais elle luy acquiert vn bien qu'il n'auoit pas : le surplus estoit la mesme incertitude ; parce que Monsieur le Cardinal pouuoit disposer de ses biens, comme estans la pluspart ses acquests, (Car il auoit peu de propres, ainsi qu'il sera monstré en contredisant la production faite par Madame la Princesse, sur les Lettres par elle obtenuës comme heritiere de la Damoiselle sa sœur) à telles autres personnes que bon luy auroit semblé ; qu'il n'a stipulé d'elle que ce qu'il estoit en sa liberté de faire sans elle, que sa fortune pouuoit changer, & cette esperance deuenir caduque : tellement que la mineure qui a receu deux cens mille écus, & en a accepté la donation à cette condition, de ne pouuoir rien pretendre au surplus des biens, a vsé en cela du droit des majeurs, & a tres-vtilement contracté.

Que si, selon l'estat des biens que le deffunt a laissez par sa mort, la portion qu'auroit pû auoir Madame la Princesse se pourroit monter à plus de six cens mille liures ; ce qui est sans apparence, veu que la plus grande partie des biens estoient feodaux, qu'il y auoit des masles en pareil degré qu'elle qui l'excluoient en la pluspart des Coustumes ; & que dans les autres qui admettent les femelles, elle n'auroit qu'vn tiers dans vn tiers, ou vn neufiéme au total :

neantmoins il ne faut pas estimer que cét euenement puisse donner ouuerture à vne restitution en entier contre l'acceptation de la donation ainsi conditionnée ; parce qu'il est de maxime incontestable, que le mineur n'est jamais restituable contre vn acte qui luy peut apporter du dommage, ou du profit selon le douteux euenement. Cette maxime est fondée sur la decision expresse de la loy, *De fideicommisso. C. de transactionibus.* Or Madame la Princesse pouuoit ne rien auoir du tout en la succession du deffunt, dans l'écheance de l'vn ou de l'autre des trois cas qui viennent d'estre remarquez : Et supposé que par l'euenement elle y eust pû trouuer quelques aduantages, le plus seur estoit de prendre les deux cens mille écus, comme chose presente & asseurée, le surplus estant en la main du sort qui pour son incertitude ne fait jamais de consideration pour restituer ni les mineurs, ni l'Eglise.

Cette reduction se confirme encore par cette autre regle du Droit Ciuil, & de l'équité naturelle, Que celuy qui a contracté sur le hazard & l'incertitude de l'auenir, n'est jamais receuable à demander ce dont il demanderoit le contraire, si la chose auoit eû vn autre succés : *Nemo id jure postulat, cujus contrarium fuisset postulaturus si aliter contigisset.* Or Madame la Princesse ne trouueroit pas bon de rapporter deux cens mille écus, si la part hereditaire n'estoit, comme elle ne pouuoit estre, que de cent mille écus, ou de moins, ou de rien du tout. Toute raison veut donc qu'elle se contente de ce qu'elle a, puisqu'il n'y en auroit point, de vouloir cette condition ; d'estre asseurée ou de gagner, ou de ne rien perdre dans vne affaire de hazard.

Ce raisonnement n'est pas seulement de raison & d'équité, il est fondé sur les textes exprés des loix penultiéme, *C. de solut.* & *l. ad res donatas. ff. de ædilitio edicto*, & sur infinis Arrests qui ont tousjours debouté les filles mineures de semblables pretentions, quelque lesion que l'euenement eust fait voir, mesme à l'égard des successions de pere

& mere, qui sont tellement deuës aux enfans, que le Droit les repute desja comme proprietaires de leurs biens, mesme de leur viuant.

Contre le pretendu defaut d'autorisation.

ARTICLE TROISIESME.

LE pretendu defaut d'autorisation allegué pour deuxiéme nullité, presuppose, que la fille mineure ne puisse accepter vne donation de deux cens mille écus, à la charge de demeurer excluse du surplus des biens & succession du donant: Et il vient d'estre monstré, qu'vn acte de cette qualité, où le mineur ne s'oblige enuers personne, où il ne perd rien de ce qu'il a; où il gagne & acquiert ce qu'il n'auoit pas, & pouuoit jamais n'auoir; n'est point de ceux où l'autorité d'vn tuteur est necessaire, par la decision de Droit qui vient d'estre rapportée, & celle de la loy vingt-neufiéme *ff. de pact.*

Mais où a-t-on pris, que le feu sieur Mareschal de Brezé n'ait pas autorisé Madame la Princesse sa fille? & pourquoy se fonder sur des moyens de faict, dont le contraire est justifié par les pieces?

Les Articles, & le Contract de mariage sont produits; l'vn & l'autre ne portent-ils pas, que Madame la Princesse est autorisée dudit sieur Mareschal son pere, & son procureur, qui estoit le deffunt sieur Boutillier Sur-Intendant des Finances, comme fondé de procuration de luy, y a-t-il pas signé?

Il y a plus; cette procuration a esté passée par ledit sieur Mareschal de Brezé au pied des Articles de mariage, dont le projet luy fut enuoyé: ces Articles portent autorisation expresse; & le pouuoir est donné au procureur de contracter conformément ausdits Articles.

Et en effet, l'on a bien reconnu, que tant que cette procuration subsisteroit, il estoit sans apparence de soustenir ce moyen : l'on a pris le party de la dire fausse, & mesme de passer à l'inscription de faux.

Mais il est bon de remarquer, que cette inscription de faux n'a esté formée qu'au mois de Iuillet 1644. Que pendant toutes les poursuites de la cause, & la longueur des plaidoyers qui durerent six semaines, l'on ne parla point d'inscription en faux contre cette procuration, & qu'il n'y en auoit point lors de l'Arrest du 31. May 1644. qui appointa les parties, & debouta Madame la Princesse de sa demande de sequestre, en la joignant au principal.

Deux mois & plus aprés la plaidoyrie, & l'Arrest de reglement prononcé au mois de Iuillet ensuiuant, l'on a eû recours à ce remede des causes desesperées, plustost pour éloigner l'instance, que pour esperance d'en tirer du fruit.

Le moyen de ce pretendu faux est certainement estrange & surprenant.

L'on veut persuader, que le Mareschal de Brezé n'a jamais signé de procuration pour le mariage de sa fille; que la procuration qu'il a signée estoit pour le mariage d'Armand de Maillé son fils, & que faussement & aprés coup l'on a rayé le nom de fils, & l'on a mis celuy de la fille: Qui pourroit croire toutes ces choses? Madame la Princesse elle-mesme voudroit-elle que cela fust? voudroit-elle auoir esté mariée sans consentement ni assistance de son pere? quelle consequence en faudroit-il tirer; n'iroit-elle pas droit à la nullité de son mariage plustost qu'à celle de sa renonciation, puisque les mariages des mineurs faits sans consentement des peres, sont prononcez nuls par les Ordonnances?

Si elle veut que cette procuration soit vraye pour son mariage, il faut qu'elle le soit pour toutes les conuentions sous lesquelles il a esté passé: & quand on luy fait dire contre sa science, que cette procuration a esté passée pour le mariage de son frere, on la fait tomber dans vne manifeste contradiction: car si elle est bonne pour son mariage, elle ne peut pas auoir esté donnée pour le mariage de son frere.

Mais examinant la chose par la lumiere & la probabilité du sens commun, pourquoy auroit-il falu falsifier cette procuration; le Mareschal de Brezé ne vouloit-il pas que sa fille épousât l'aisné du premier Prince du sang? Ne vouloit-il pas que Monsieur le Cardinal luy donnât six cens mille liures presens & comptans, pour fixer l'esperance de ce qu'elle pourroit auoir en sa future succession? Ne vouloit-il pas qu'on obligeât son gendre futur à le laisser en repos maistre & joüissant de tous les biens de sa femme pendant sa vie? Ne vouloit-il point de là confirmation des grands auantages qu'il auoit receus dudit sieur Cardinal son beaufrere, par le payement qu'il auoit fait de toutes ses debtes qui estoient tres-grandes.

Il faudroit neantmoins que toutes ces inuray-semblances fussent autant de veritez, pour faire écouter ce faict étrange; Qu'il a falu tromper le Mareschal de Brezé, luy supposer vne procuration de consentement au mariage de son fils, & l'appliquer en suite à sa fille par le changement des noms, aprés que la piece a esté signée.

Cette procuration a esté passée & signée au bas des Articles du mariage de la fille, le pere l'a accompagnée de sa missiue du mesme jour pour le mariage de sa fille.

Il a dit & reconnu en l'instance où il a esté partie, qu'il auoit donné cette procuration pour le mariage de sa fille. Comment donc pouuoir dire contre la vray-semblance, & toutes les preuues formelles & sensitiues, que cette procuration a esté passée pour le mariage du fils?

Les Articles, au bas desquels est l'original de cette procuration, sont intitulez: *Du mariage de Mademoiselle Claire Clemence de Maillé, auec Monsieur le Duc d'Anguyen.*

Il est encore parlé d'elle en plusieurs desdits Articles, comme celuy qui commence; *Monsieur le Cardinal Duc, en consideration de ce mariage, voulant témoigner à ladite Damoiselle sa niepce*: Et plus bas au mesme Article; *Ladite Damoiselle future épouse.* En l'Article suiuant: *Et dautant qu'à ladite Damoïselle future épouse*; & en plusieurs autres endroits qu'il seroit ennuyeux & superflu de rapporter.

Or la procuration a esté mise au bas de ces Articles, elle en fait partie; que peut-on opposer à cette conuiction?

La missiue d'enuoy de cette procuration écrite le mesme jour, parlant du cinquiéme desdits Articles, portant faculté audit sieur de Brezé de joüir des biens de sa femme pendant sa vie, sans que lesdits sieur & Dame d'Anguyen le puissent inquieter, adjouste ces mots: *En daignant prendre soin pour ce qui regarde ma fille, de mettre ma vieillesse en repos.*

Et enfin, le pere, aprés la mort de Monsieur le Cardinal son bienfaiteur, declara à l'Audiance par son Aduocat, & depuis par ses écrits, qu'il auoit signé ladite procuration pour le mariage de sa fille.

Que peut-il y auoir à écouter aprés tant de preuues?

Neantmoins comme la Iustice instruit tout, & mesme ce qu'elle doit condamner, cette inscription de faux a eû toutes ces suittes; la minutte a esté apportée, les moyens de faux fournis: Et comme la plume est vn pinceau qui noircit, & qui blanchit ce que veut la main qui le conduit, il n'a pas esté difficile de les faire declarer pertinens, & obtenir la permission ordinaire d'en informer: L'information a esté faite; trois écriuains ont esté pris pour témoins, auec Parque, & le Gay, Notaires; Et par addition, deux ans & demy aprés, du 30. Ianuier 1646. au 3. Septembre 1648. l'on a fait entendre les deux Notaires de Saumur qui ont signé ladite procuration.

Ce sont trois classes de témoins qu'il faut examiner; les deux Notaires qui ont receu l'acte; les deux autres Notaires, Parque, & le Gay qui ont fait la reconnoissance du Contract

Contract de mariage receu par les Secretaires d'Estat, & les trois Maistres Escriuains.

Pour les deux Notaires de Saumur qui ont receu la procuration, il resulte de leurs depositions.

Premierement, Qu'elle leur fut presentée toute dressée au bas desdits Articles de mariage.

Secondement, Qu'il y auoit esté laissé trois diuers blancs en trois differens endroits.

Le premier, pour remplir le nom, la qualité, & la demeure dudit sieur Mareschal de Brezé.

Le second, aprés ces mots, *tant en son nom que comme pere & tuteur d'Armand, Marquis de Brezé son fils, & de feuë haute & puissante Dame.*

Le troisiéme, aprés ces mots, *A fait & constitué son procureur.*

En troisiéme lieu, Que la Noue, l'vn desdits Notaires, a remply le premier blanc des noms, qualité, & demeure dudit sieur Mareschal.

En quatriéme lieu, Que le mesme la Noue a commencé à remplir le second blanc; aprés ces mots, *haute & puissante Dame:* y a écrit ces mots; *Nicole du Plessis son épouse;* & a tracé le reste dudit blanc d'vn trait de plume.

En cinquiéme lieu, Que le mesme la Noue a aussi écrit la fin de ladite procuration pour en faire la closture.

En sixiéme lieu, Que la piece est sortie de leurs mains en cét estat, sans qu'il y fust parlé ni de fille, ni de Claire Clemence de Maillé.

Les deux Notaires, Parque, & le Gay, qui ont fait la reconnoissance du Contract de mariage; l'vn pour feu Monsieur le Cardinal, & l'autre pour Monsieur le Prince, ont dit, Que ledit acte de reconnoissance estant prest à signer, ils demanderent la procuration pour la transcrire au bas du Contract; qu'elle leur fut apportée en l'estat qu'elle est à present, & qu'ils dirent assez haut, en la presence dudit ſieur Cardinal, qu'elle n'eſtoit ſaine & entiere, (ce ſont leurs termes) à cauſe de ce qui auoit eſté raccommodé aux qualitez, par ces mots, *Damoiſelle Claire Clemence de Maillé;* & de ces mots, *ſa fille*, au lieu d'Armand, Marquis ſon fils.

Quant aux trois Eſcriuains, leurs depoſitions ſe rapportent à ce qu'ont dit les deux Notaires de Saumur; que les qualitez ont eſté remplies de la main du Notaire de la Noue, de ces mots; *Meſſire Vrbain de Maillé Brezé*, & ſuiuans, juſques & compris le mot de *Milly*: que les mots de *Nicole du Pleſsis ſon épouſe*, ont eſté écrits de la meſme main qui a auſſi écrit la fin & la cloſture de ladite procuration.

Que les mots, *Armand, Marquis de*, ont eſté rayez d'vn trait de plume delié & fort mince, d'vn ancre d'autre couleur que les mots écrits par le Notaire de la Noue.

Que les mots, *Damoiſelle Claire Clemence de Maillé*, n'ont eſté écrits ni par celuy qui a écrit ladite procuration, ni par ce Notaire de la Noue.

Qu'en la ligne ſuiuante, l'on a changé les deux mots, *ſon fils*, en ces mots, *ſa fille*; & que ce changement a eſté fait depuis que la procuration a eſté écrite par vn autre ſcribe que celuy qui a écrit la procuration.

Et que le nom du Procureur & ſa qualité ont eſté remplis & écrits dans vn blanc laiſſé exprés, d'vne autre main que de celuy qui a écrit la piece: & pour ſçauoir ſi c'eſt la meſme main qui a écrit les mots, *Claire Clemence de Maillé*; & changé les deux mots, *ſon fils*, en ceux de *ſa fille*; Ces Eſcriuains n'ont pas parlé contextement; le premier, qui eſt le Quieu, a dit ſimplement, que ces mots ont quelque rapport pour l'écriture auec ceux de *Damoiſelle Claire Clemence de Maillé*; mais non tel qu'il le puiſſe porter à croire que les vns & les autres ayent eſté écrits de meſme main: Le ſecond, qui eſt le Ieune, en a parlé affirmatiuement, Qu'il croit en ſa conſcience que les vns & les autres ont esté faits de mesme main : & le troisiéme a esté de mesme sentiment.

Et pour le surplus les deux derniers ont rapporté la mesme chose que le premier.

Toutes ces obseruations sont tres-inutiles, pource qu'elles supposent pour seul fondement, que cette procuration a esté passée par le pere pour le mariage de son fils; Que ce faict n'est point veritable, qu'il ne le peut estre, & que le faict contraire est vne verité establie & conuaincuë par des preuues si pleines & si entieres qu'il n'en sçauroit estre douté.

Neantmoins, pour ne rien laisser sans deffense en vne cause de l'importance de celle-cy, la reduction de tout le discours de ces témoins est, que cette procuration fut enuoyée auec trois blancs en trois differens endroits.

Le premier, aprés ces premiers mots, *Fut present en sa personne haut & puissant Seigneur*, pour remplir sur le lieu le nom, les qualitez & la demeure dudit sieur de Brezé.

Le second, aprés ces mots écrits au dessous du premier blanc, *Tant en son nom que comme pere & tuteur d'Armand, Marquis de Brezé son fils, & de feuë haute & puissante Dame;* & le blanc qui suiuoit ce dernier mot estoit du reste de la ligne, & d'vne ligne entiere; ce qui fait voir qu'il n'estoit pas destiné pour estre remply des seuls nom & surnom de *Nicole du Plessis*.

Le troisiéme, au commencement de la seconde page, aprés ces mots, *A fait & constitué son procureur*, auoit esté laissé pour le remplir des noms & qualitez de celuy qui deuoit estre le procureur.

Il faut voir ce qui a esté fait & écrit en chacun de ces endroits laissez en blanc.

Dans le premier, le Notaire de Saumur la Noue qui auoit la plume, y a écrit les mots; *Messire Vrbain de Maillé Brezé, Cheualier des Ordres du Roy, Conseiller en ses Conseils d'Estat & Priué, Mareschal de France, Gouuerneur & Lieutenant general pour le Roy en la Prouince d'Anjou, demeurant à present en son Chasteau de Milly :* & ces mots sont venus rencontrer ce qui se trouuoit écrit en suite au texte de l'acte, *Tant en son nom, &c.*

Dans le second blanc, qui estoit d'vn reste de ligne, & d'vne ligne entiere, aprés les mots, *Haute & puissante Dame ;* le mesme Notaire la Noue a remply ce reste de ligne des mots, *Nicole du Plessis ;* a mis au commencement de la ligne suiuante laissée en blanc, ces mots, *son épouse :* & n'ayant pas eû le sens de voir que ce grand espace qui restoit estoit pour mettre le nom de la fille, il y a passé vn trait de plume comme s'il eust esté inutile.

Il n'a pas laissé à deuiner la cause de son erreur : car il en a fait la declaration fort expresse par sa deposition, en ce qu'il a dit auoir creû que ladite procuration estoit pour le mariage du fils : Et son compagnon Bouestault, qui a signé auec luy, a aussi deposé, Que se retirant de la salle, ou cabinet, où ils auoient signé ladite procuration, il demanda audit de la Noue, si ladite procuration estoit pour le mariage du fils, ou de la fille dudit sieur Mareschal de Brezé : & qu'il luy dit, que ladite procuration estoit pour le fils.

Il ne faut pas s'estonner s'ils n'ont point parlé de la fille, & si la Noue a tracé de traits de plume la ligne laissée pour la remplir de son nom.

Mais le lieu d'estonnement est, de ce que ce Notaire la Noue a pû estre capable de cette surprise d'imagination, qu'il fust question du mariage du fils, ayant entre les mains la procuration écrite au bas des Articles ; qu'il voyoit ces Articles intitulez, *Du mariage de la fille ;* & faisant mention de la fille en plusieurs endroits, & qu'il n'auoit qu'à lire dans la procuration mesme ces mots qui y sont exprés ; *Pour assister au Contract de mariage qui sera fait & passé en suite desdits Articles, souscrire à iceluy, & tant de sa part que de celle de ladite Damoiselle sa fille remercier, &c.*

Mais enfin, puisque ses yeux se sont éblouïs, que son

sens commun l'a abandonné en ce rencontre, & qu'il est tombé dans vne erreur si grossiere, il ne faut pas s'estonner s'il a fait la double faute; & de n'auoir point fait mention de la fille; & d'auoir tiré son trait de plume sur l'espace vuide, qu'il deuoit remplir de son nom, & qui n'auoit esté laissé vuide qu'à ce seul effet.

Et pour faire voir que ce blanc auoit esté laissé pour estre remply du nom de la fille, il ne faut que repasser sur les termes de la procuration, qui viennent d'estre transcrits: *Pour assister au Contract de mariage, &c. & tant de sa part, que de celle de ladite Damoiselle sa fille.* Ce mot *ladite* presuppose qu'il deuoit estre auparauant parlé de la fille; car c'est le terme repetitif d'vn nom desja écrit: or en l'estat que la procuration a esté enuoyée, en ce qui se trouuoit auparauant écrit, il n'estoit point parlé de la fille; il est donc bien manifeste que l'on a presupposé que son nom deuoit estre mis dans le second blanc qui auoit esté laissé; autrement ce mot *ladite*, en parlant d'vne personne qui n'auroit point esté desja nommée, auroit esté impertinent.

En vn mot, c'est vne faute de Notaire de village qui n'a pas veû ce qui luy sautoit aux yeux, mais vne faute de nulle consequence, puisque la verité paroissoit assez d'ailleurs par la procuration mesme; puisqu'elle est passée pour assister au mariage de la fille, & pour remercier Monsieur le Cardinal, au nom du pere & de la fille; par les Articles de mariage, intitulez du nom de la fille, & ne faisans mention que de la fille; & par la lettre missiue dudit sieur de Brezé; & par toute l'execution & consommation que l'affaire a euë par le mariage de la fille, suiuant cette procuration.

Il sera fort aisé de satisfaire ceux qui pourront demander, pourquoy l'on a mis ledit sieur de Brezé dans cette procuration en qualité de pere & tuteur d'Armand, Marquis de Brezé son fils; comme s'il eust esté question du mariage dudit sieur de Brezé fils.

Car on leur répondra, que c'estoit vne procuration pour

aſſiſter au mariage d'vne fille, qu'il eſtoit bien ſeant que le frere & l'aiſné de la maiſon y aſſiſtaſt, & que ce mariage ne fuſt pas fait ſans luy, ni ſans faire mention de luy; & comme il eſtoit mineur & abſent, l'on ne pouuoit faire autre choſe qu'adjouſter aux qualitez du pere celle de tuteur dudit ſieur de Brezé ſon fils.

Il eſtoit bien apparent que le fils ne deuoit eſtre qu'aſſiſtant par procureur au mariage d'vn autre : car il n'eſt nommé que de ſon nom de Bapteſme Armand, ſans parler de ſon ſurnom de Maillé, ſans titre de Meſſire, de puiſſant Seigneur, ni autre: car l'on ſçait que les nom, ſurnom, qualitez, & titres d'honneur, dont eſt reueſtu celuy qui ſe marie, ſont touſjours eſtendus fort exactement dans leur Contract de mariage.

Mais enfin, que peut-on dire à ces mots qui regardent le pouuoir donné au procureur, & la fin pour laquelle la procuration a eſté paſſée, *Pour aſſiſter au Contract de mariage:* le pere & le fils paſſent procuration, & conſtituent vn procureur pour aſſiſter: Ce n'eſt donc pas pour ſe marier eux-meſmes, & de plus pour aſſiſter au Contract de mariage de la fille: Comment donc vouloir dire que le pere ait voulu que ce procureur mariaſt ſon fils, puiſqu'il ne luy a donné pouuoir que d'aſſiſter pour ſon fils au Contract de mariage de ſa fille?

Cette erreur du Notaire, d'auoir crû contre la teneur de la piece, & des Articles, au bas deſquels elle ſe trouuoit, que c'eſtoit vne procuration pour le mariage du fils, luy en a fait faire vne autre qui a obligé par neceſſité de rayer ces mots *d'Armand, Marquis de.* C'eſt qu'au lieu de ſe ſeruir du blanc d'vne ligne & demie qui reſtoit aprés ces mots, *haute & puiſſante Dame*, pour le remplir du nom de la fille, & y mettre aprés ces mots, *Nicole du Pleßis, & ſtipulant pour Damoiſelle Claire Clemence de Maillé de Brezé ſa fille*, il a tracé ce blanc d'vn trait de plume, comme inutile.

Or la procuration ayant eſté enuoyée en cét eſtat, l'on

a veû que le Notaire n'auoit pas fait ce qu'il deuoit faire, en ce qu'il n'auoit point parlé de la qualité de ſtipulant pour la fille; & qu'il auoit fait ce qu'il ne deuoit pas faire, quand il auoit tracé le blanc où il en deuoit eſtre fait mention: Le ſieur de Brezé eſtoit abſent, & les parties vouloient acheuer l'affaire: Il n'eſtoit pas poſſible de remettre ces mots, *Damoiſelle Claire Clemence de Maillé Brezé*, ſur le ſecond blanc; parce qu'il ſe trouuoit tracé, que le trait ſe fuſt trouué ſur l'écriture, & qu'elle euſt paru auoir eſté rayée: mais comme il n'eſtoit pas eſſentiel que le pere parlaſt dans cette procuration comme tuteur de ſon fils, l'on trouua que l'on ne pouuoit mieux faire que d'appliquer la qualité de tuteur priſe par le pere, à Damoiſelle Claire Clemence de Maillé Brezé ſa fille; en rayant ces mots, *Armand, Marquis de;* & mettant au deſſus, *Damoiſelle Claire Clemence de Maillé* entre les mots de *tuteur*, & de *Brezé*.

Mais on n'a point fait de myſtere de cette radiation, elle a eſté faite d'vn trait de plume fort delié, afin que l'on puſt voir ce qui auoit eſté rayé: & de ces deux mots, *ſon fils*, l'on a fait ces deux autres, *ſa fille*, ſans artifice & ſans affectation d'en couurir, ou déguiſer la correction.

Le Contract de mariage a eſté paſſé en ſuite, en vertu de cette procuration: Le ſieur Boutillier Sur-Intendant y a aſſiſté, comme ſtipulant pour ledit ſieur de Brezé ſeul, comme tuteur, non point de ſon fils, mais de Damoiſelle Claire Clemence de Maillé ſa fille: La procuration a eſté veuë, & elle a eſté inſerée, du conſentement des parties, au bas dudit Contract de mariage.

Ces obſeruations de faict ſeroient ſeules ſuffiſantes pour juſtifier l'innocence & la neceſſité de cette correction: L'on ſçait que lors de la plaidoyrie de 1644. feu Monſieur l'Aduocat General Bricquet traita cét endroit de la cauſe, aprés en auoir diſcuté toutes les circonſtances, de choſe ſans apparence & ſans fondement.

Mais parce qu'on a promis de deffendre à tout, & que l'on

dit, qu'enfin ce sont des mots rayez, & d'autres adjoustez en interligne, d'vne autre main, qui n'ont point esté approuuez, & que cela s'appelle fausseté. Le sieur deffendeur pretend faire voir par les decisions de Droit, qu'il y a des ratures, & des entrelignes innocentes, dont l'approbation se supplée par la nature & la necessité de l'acte, se confirme par la volontaire execution; & que celles dont il s'agit sont de cette qualité.

Les Iurisconsultes ont traité cette matiere, de sçauoir, si, & quand la rature, qu'ils appellent abrasion; & l'entreligne, qu'ils appellent superlineation, peuuent induire fausseté de l'acte où elles se trouuent; & leur doctrine commune est, Que quand il se peut recueillir du sens de la piece, de ce qui precede, & ce qui suit; que ce qui a esté rayé estoit inutile, & que ce qui a esté superligné deuoit estre écrit, l'vne & l'autre a le mesme effet que si les parties les auoient constatez & parafez. C'est l'expresse decision de Barthole, sur le §. *Sin autem*, de la loy derniere, au Code *de edicto diui Adriani tollendo:* & son raisonnement de mesme force que sa decision est, Que si les choses obmises se peuuent suppléer, & estre tenuës pour écrites dans vn Contract, quand il se peut recueillir de ce qui precede, & ce qui suit; que ce ne peut estre qu'vne obmission, & pour vser de ses termes, *Si illud quod deficit, ex præcedentibus & sequentibus subintelligitur:* à plus forte raison ce qui se trouue écrit dans les entrelignes doit-il estre approuué, quand tout le contexte de l'acte l'approuue, & que l'addition conuient aux termes qui la precedent & qui la suiuent. La Glose Canonique, sur le chapitre, *Cùm venerabilis de religiosis domibus*, sur le mot, *Item quid si rasura.* Le Cardinal d'Hostie, le Panorme, le Felin, & tous les autres, sur ce chapitre, ont tous canonisé la decision de Barthole, qui a pour fondement la Glose ciuile, sur la loy premiere, *In verbo si extrinsecus. ff. de his quæ in Testamento delentur.*

Or quand on verra cette procuration consecutiue aux

Articles

Articles de mariage de la fille, pour leur seruir comme de ratification & confirmation, & qu'on en aura leû les termes qui suiuent cette addition du nom de la fille, contenant l'expression du pouuoir donné au procureur pour assister au Contract de mariage qui sera fait & passé en suite desdits Articles, souscrire à iceluy; & tant de sa part, que de ladite Damoiselle sa fille, remercier tres-humblement, &c. l'on se trouuera persuadé que quand on a adjousté en entreligne le nom de la fille, l'on n'a fait que reparer l'erreur, & suppléer l'obmission de ce qui estoit tellement essentiel, qu'il y auroit eû absurdité & contradiction des qualitez à la substance de l'acte, si les qualitez n'auoient fait mention du pere que sous la qualité de tuteur de son fils, l'acte dans sa substance & dans ses termes dispositifs n'estant fait que pour la fille.

L'on ne satisfait donc pas seulement aux raisonnemens des Docteurs, quand on monstre que l'entreligne a l'approbation de tout le reste de l'acte par la conformité des termes qui la precedent, & de ceux qui la suiuent; mais l'on encherit beaucoup au dessus de ce qu'ils ont desiré, puisque l'on monstre qu'il y auroit eû absurdité en l'acte, si cette entreligne n'y auoit pas esté mise; mais elle auroit esté suppleée quand elle n'auroit pas esté écrite, parce que c'est vne des regles du Droit Ciuil, que les choses non exprimées doiuent passer pour sousentenduës & exprimées, quand elles sont la consequence manifeste & necessaire de ce qui est écrit & exprimé. C'est la decision de la loy *Titia Sejo. §. Seja libertis*, de la loy, *Titia cum testamento. §. Titia. de leg. 2.* & de la loy, *fideicommissa. §. Item, si quis, de leg. 3.* Il resulteroit de l'acte vne manifeste absurdité, si le pere y estoit constituant en la seule qualité de tuteur de son fils, & que dans tout son contexte il ne fust parlé que de la fille. Or il est des mesmes regles, que le sens & l'interpretation, dont il naistroit de l'absurdité, est tousjours rejettée de l'intelligence des actes. Les loix ciuiles ont decidé

F

plusieurs controuerses sur l'interpretation des Contracts, par la consequence de cét argument ; les exemples s'en peuuent voir és loix dernieres, au Code, *De auctoritate præstanda:* En la loy finale, *Per quas personas nobis acquiritur*: En la loy vnique, §. *Pro secundo. C. de caducis tollendis:* En la loy, *Si quis jusjurandum :* Et en la loy, *Generaliter. C. de rebus creditis*: Et au §. dernier, aux Institutes, *Qui, & ex quibus causis manum. poss.* Toutes ces loix, & plusieurs autres qu'il seroit long de rapporter, sont fondées sur cette raison decisiue, *Ne sequatur absurdum:* Tellement que quand cette qualité de tuteur du fils seroit demeurée sans parler de la fille dans les qualitez, elle y auroit esté suppleée *ex substantia actus*.

Les Iurisconsultes ont encore purgé les ratures, & les entrelignes de tout vice de nullité & de fausseté, quand ce qu'elles contiennent peut receuoir sa confirmation par quelque preuue ou vocale, ou literale hors de l'acte. *Quando scriptura interlinearis aliunde coadjuuatur.* Ce point a encore passé par les resolutions des plus habiles Iurisconsultes, comme Balde, sur la loy, *Si veritas. C. de fideicommissis.* Barthole, sur la loy derniere. *C. de edicto diui Adriani tollendo ;* & infinis autres qui tiennent tous pour maxime, que *instrumentum interlineatum, vel abrasum*, mesme *in loco substantiali, non redditur suspectum, quin potiùs optimè probat vbi veritas per aliam scripturam detegitur.*

Or, non seulement il est prouué par les termes des Articles, & de l'acte mesme, que c'estoit du mariage de la fille qu'il s'agissoit, mais encore par la lettre missiue écrite par le pere, & enuoyée auec la procuration le mesme jour, & par le Contract de mariage passé en suite, & en vertu de ladite procuration ; & par la reconnoissance du pere en la plaidoyrie de la cause.

L'on peut conclure sur la garantie de ce contredit plus estendu que l'allegation ne meritoit, que la procuration sous laquelle le Contract de mariage de Madame la Princesse a esté passé, ne peut estre ni arguée de nullité, ni renduë suspecte de fausseté : & comme elle ratifie, confirme, & approuue les Articles au bas desquels elle a esté passée, comme elle donne charge au procureur de contracter suiuant lesdits Articles, qui contiennent l'expresse autorité; ce procureur a eû pouuoir suffisant pour autoriser Madame la Princesse par son Contract de mariage : & par consequent l'on n'a pû dire sans blesser la verité, démentir & les Articles, & la procuration, & le Contract de mariage, que ladite Dame a contracté sans l'autorité de son tuteur.

Contre la quatriéme objection de pretenduë nullité de la renonciation à vne succession collaterale.

ARTICLE QVATRIESME.

ENFIN pour dernier moyen contre cette renonciation, l'on dit qu'elle est nulle, parce que c'est vn collateral qui l'a stipulée, & que c'est à vne succession collaterale qu'il a esté renoncé : Que la loy Romaine, *Pactum. C. de collationibus. de nullitate pacti de non succedendo*, est receuë en France, sous la seule exception de la directe: Quand c'est vn pere qui fait renoncer sa fille, en la dotant, que le chapitre, *Quamuis. de pactis, in 6.* est vniuersellement rejetté; que ni loy, ni coustume n'a jamais validé les renonciations en collaterale : Que du Moulin a tenu pour cette exception en son Conseil cinquante-cinq, & en son apostil deux cens soixante & vn, sur la Coustume du Maine : C'est la matiere d'vn contredit, qui ne doit pas estre ni long, ni difficile, puisque la these ne peut passer que pour vn paradoxe inouï dans la Iustice.

L'on demeure d'accord, que la loy, *pactum quod dotali. C. de collat.* a prononcé nullité de la renonciation faite par vne fille, à la succession future de son pere, par Contract de mariage.

Mais l'on conuient aussi pour Madame la Princesse, que

cette loy n'a jamais esté receuë en France ; & que quand l'on seroit au temps de l'ancienne Rome, cette decision ne feroit pas celle de ce procés ; parce qu'il ne s'agit pas de succession directe de pere à fille, mais de succession collaterale : tellement que ni par le Droit Romain, ni par le Droit François, ce texte n'a jamais rien valu, & ne sçauroit rien valoir pour la cause où l'on l'applique.

Quoy qu'il ne soit pas specifique pour l'hypothese, on pretend neantmoins qu'il a fait vne regle generale dans le Droit Ciuil ; que toutes renonciations à futures successions sont nulles ; que le Droit François n'y a derogé que pour les successions directes, & qu'il a laissé la nullité du pact de non succeder en son entier, pour les successions collaterales.

Il arriue souuent de prendre l'exception pour la regle ; mais icy l'on a fait pis : car on a pris pour la regle, ce qui n'est que l'exception de l'exception.

Le principe de Droit le plus general est, que toutes pactions & conuentions faites de bonne foy, *non inuitis legibus*, doiuent estre entretenuës. *Pacta conuenta, quæ neque dolo malo, &c.* en la loy septiéme, §. *Ait prætor. ff. de pactis. Quid enim tam congruum fidei humanæ, quàm ea seruare quæ semel inter eos placuerunt ?* dit la loy premiere, au mesme titre.

L'on a excepté de cette regle les pactions qui regardent le partage des successions des personnes viuantes, comme chose injurieuse de mettre le viuant au nombre des morts ; de traiter des biens d'autruy, ausquels on n'a rien, & ausquels on peut ne rien auoir, si l'on predecede, ou s'ils passent à vn tiers par la disposition de celuy qui en est le maistre. Ces anciens Sages ont mesme creû que cela ne se pouuoit faire sans vn desir malin de la mort de celuy auquel on est en droit de succeder.

Mais comme ces considerations ne touchent que l'interest du viuant, la mesme Iurisprudence s'est retractée mesme pour les pactions affirmatiues du partage de ces successions futures, & a laissé les choses dans la regle generale, si l'interessé veut bien approuuer la conuention, ou qu'elle se fasse de son consentement. C'est l'expresse disposition de la loy finale *ff. de pactis*, qui est vne Constitution faite par l'Empereur Iustinian l'année 30. du cinquiéme siecle, qui fut la troisiéme de son regne. *Nisi ipse fortè de cujus hereditate pactum est, voluntatem suam eis accommodauerit, & in ea vsque ad extremum vitæ suæ spatium perseuerauerit: tunc enim sublata acerbissima spe, licebit illo sciente, & jubente hujusmodi pactiones seruare. quod etiam anterioribus legibus, & Constitutionibus non est incognitum, licèt à nobis clariùs est introductum.*

Le mesme Empereur fit faire depuis son Code publié, quatre ans aprés, & pour exception à cette regle generale de validité de ces pactions de succeder, *viuo sciente & jubente;* il y a fait comprendre cette loy, *Pactum dotali*, faite deux cens ans auparauant, en l'an 251. par l'Empereur Alexandre Seuere, & l'a mise sous le titre, *De collationibus*, qui regle les rapports qui doiuent estre faits par les enfans, aux successions des peres & meres.

L'exception de cette loy est speciale pour les filles qui ont renoncé par leur Contract de mariage à la future succession de leur pere, & pour les receuoir à partage des biens paternels, en rapportant ce qu'elles auoient receu en dot.

Iustinian, considerant la force de l'empire paternel qui ne souffre point de contradiction, la foiblesse & la pudeur d'vne fille qui n'en est pas capable, & qu'il est de justice naturelle que l'égalité qui se trouue dans la naissance entre les enfans d'vn mesme pere, se produise dans le partage des biens, a jugé à propos d'adopter cette loy ancienne dans son nouueau Code, pour excepter de la regle generale qui approuue ces pactions de succession future, *viuo sciente & jubente*, le cas particulier d'vne fille qui a renoncé à l'esperance de celle de son pere, moyennant sa dot.

Il est donc fort bien prouué, que cette loy des filles, &

des successions paternelles, n'est pas la regle generale de toutes personnes, & de toutes successions; mais vne exception d'exception du droit commun & general de la stabilité des pactions ciuiles, & de la validité des pactions de successions futures, quand elles sont faites *eo sciente & jubente de cujus agitur successione :* & cette exception n'a esté faite que pour le seul cas des filles renonçantes aux successions futures de leurs peres : Et de fait, l'on ne sçauroit faire voir que par aucun texte le Droit Ciuil, hors ce cas particulier de fille, & de succession paternelle, ait reprouué la paction de non succeder par Contract de mariage entre quelques personnes que ce soit, quand le viuant y a consenty.

Le du Moulin, que l'on a cité pour asserteur de cette proposition nouuelle, que quoy que la renonciation soit bonne en ligne directe, au prejudice d'vn enfant, & pour les biens de son pere, elle ne vaut rien en collaterale au prejudice d'vne niepce, & pour les biens de son oncle: est pourtant le soustenant formel de la doctrine qui vient d'estre establie. C'est en son Conseil quinziéme, où parlant de ce pact de non succeder, il vse de ces termes affirmatifs: *Nullo jure prohibitum inuenitur pactum negatiuum seu absolutæ renunciationis futuræ successionis, nisi in filia legitima, dicta lege pactum, & in filio legitimo, l. si quando. §. illud: C. de inoff. testam. & consequenter in omnibus legitimè descendentibus, quibus hereditas non solùm à lege defertur, sed debetur.* Il ne se peut rien desirer de plus formel : Et il adjouste, *In cæteris cùm non sit eadem saltem non tanta ratio, standum est regulæ juris communis, pactis standum præsertim nuptialibus.*

L'on demande donc, comment cét Auteur peut auoir esté d'auis qu'vne fille dotée par vn collateral, ne puisse renoncer à sa future succession, puisqu'il a trenché si nettement & si decisiuement, que hors la succession directe de pere à enfant, ou d'autres ascendans à descendans, *In cæteris standum est regulæ juris communis, pactis standum.*

Et quand on a rapporté ce mot de ſon Conſeil cinquante-cinq, nombre neuf, *Secùs ſi filiæ per collaterales elocarentur*, l'on deuoit auoir veû qu'il ne parle que des autres ſucceſſions directes écheuës, & collaterales eſtrangeres à écheoir, auſquelles des freres font renoncer leurs ſœurs, en les mariant, qui eſt l'eſpece de l'Arreſt rapporté par Chenu, rendu le 29. Mars 1575. dans la Maiſon de Nantoüillet Dangennes; mais nullement de la future ſucceſſion du collateral qui dote ſa parente de ſon bien propre, ſans luy faire rien quitter des autres biens écheus & à écheoir par ſucceſſions directes, ou autres collaterales.

Le meſme Auteur remarque cette difference notable, qui eſt entre le pact affirmatif de ſucceder, & le pact negatif de non ſucceder: qu'à l'égard du premier, les textes ſont exprés pour la prohibition: mais pour le ſecond, que l'on ne ſçauroit faire voir que hors ce cas de ſucceſſions directes, il y ait aucunes loix prohibitiues du pact de non ſucceder.

Mais pourquoy s'attacher au Droit Romain, en vne matiere purement du Droit François, comme eſt celle des renonciations aux ſucceſſions futures?

L'on eſt demeuré d'accord de la maxime; Qu'en France les filles peuuent renoncer aux ſucceſſions futures, moyennant leur dot de mariage; & pour affoiblir la conſequence qui en reſulte, l'on a voulu perſuader que c'eſtoit vne Iuriſprudence introduite ſur la fin du dernier ſiecle, & pour les ſeules ſucceſſions directes: qui ſont deux erreurs en deux paroles: car il eſt de verité toute publique, que la Iuriſprudence Françoiſe, depuis que la Monarchie eſt Monarchie, a autoriſé les renonciations des filles aux ſucceſſions futures par Contract de mariage, pour la conſeruation des familles: Qu'il n'y a jamais eû de procés ſur la validité ou inualidité de ces renonciations, mais ſeulement ſur la reſtitution contre icelles du chef de leſion, quand la dot s'eſt trouuée moindre que la legitime.

La premiere propoſition, Que ces renonciations ſont du Droit François, & que la loy Romaine faite en faueur des filles, pour les ſucceſſions de leurs peres, n'a jamais eſté gardée, eſt garentie par les témoignages des plus celebres Auteurs du Royaume.

Du Moulin, ſur le chapitre, *Quamuis. de pactis, in ſexto*, rapportant quelques opinions de Iuriſconſultes; que la fille peut reuenir contre ſa renonciation par la leſion vltramediaire, adjouſte, Qu'en France nous pratiquons tout le contraire, & tenons, que la fille ne peut jamais eſtre reputée leſée au droit incertain de la ſucceſſion auenir.

En ſon Conſeil quinziéme, nombre quatorze, il dit, Que non ſeulement c'eſt le droit general de la France; mais qu'il s'obſerue & ſe pratique communement en Italie, Allemagne, & dans la Prouence.

Il rapporte la meſme choſe en ſon Conſeil cinquante-cinq, nombre huit, *Adhuc in hoc regno non attenditur dicta læſio, vt per plura arreſta judicatum fuit.*

Coquille, en ſa queſtion cent vingt-ſept, dit, Que ſelon le Droit des François, ces renonciations à ſucceſſions futures ſont valables.

Il adjouſte, Que ce n'eſt point le chapitre, *Quamuis*, que l'on ſuit en France pour la validité de ces renonciations, par la raiſon du ſerment, mais la couſtume politique du Royaume pour la conſeruation des familles : Et du Moulin a dit formellement la meſme choſe.

Le Preſident Boyer de Bordeaux, en diuers endroits de ſes Deciſions, ſoixante-deux, deux cens quatre, & pluſieurs autres, rend témoignage de cette couſtume de France : Et au liure de ſes Commentaires ſur la Couſtume de Berry, il dit, Que le Chancelier de France, qui eſtoit alors Meſſire Iean de Ganey, ne voulut point ſeeller les Lettres de reſtitution contre vne renonciation de cette qualité, comme contraires au Droit general & vniuerſel. Et Maiſtre Iean Imbert, en ſon *Enchiridion*, rapporte la meſme choſe.

Monſieur

Monsieur du Val, qui fut Conseiller en cette Cour, en a fait vn chapitre, & rapporté les Arrests en son liure, *De rebus dubiis.*

Les decisions de la Chapelle Tholosaine, en plusieurs articles, font foy de la mesme decision.

Chassannée, ancien Auteur du païs de Bourgogne, en a fait la matiere de trois de ses Conseils.

Et enfin, Papon dans son recueil d'Arrests, liure 16. titre 4.

Et pour la seconde proposition, Que la validité de ces renonciations n'a jamais esté contestée en elle-mesme; mais la seule question de sçauoir, si en cas de lesion vltra-mediaire elle pouuoit estre sujette à rescision: L'on ne sçauroit monstrer qu'en aucun temps de la Monarchie il ait esté disputé, si la renonciation aux successions futures, moyennant la dot, estoit nulle ou valable; & tous les Arrests qui peuuent estre rapportez, & se trouuent dans les liures des Auteurs, ont tous esté donnez sur pretension de lesion en la legitime, ou enormissime, & d'outre moitié de juste prix.

L'Arrest du 7. Septembre 1532. donné dans la Maison de Maillé Brezé, rapporté par du Moulin, en ses Notes sur les Conseils d'Alexandre, sera produit pour preuue qu'il s'agissoit de Lettres de rescision obtenuës par Anne de Louan, contre la renonciation par elle faite à la succession de son pere écheuë, & à celle de sa mere, à écheoir, fondée sur lesion en sa legitime: & par cét Arrest, à l'égard de la succession écheuë, la Cour, suiuant ses regles, n'eut point d'égard à la renonciation; mais elle la confirma pour ce qui regardoit la succession de la mere, lors à écheoir.

Les Arrests que rapporte du Moulin, sur le Conseil 29. du liure 3. d'Alexandre, ont tous esté rendus sur la seule question de lesion en la legitime.

Charondas, au liure 4. réponse 98. en parle dans les

mesmes termes, non pas que l'on ait mis en question, si la fille peut renoncer valablement, ou non; mais si elle se peut faire releuer de sa renonciation, sous pretexte de lesion en sa legitime : ce qu'il dit n'auoir point de lieu en France.

L'Arrest prononcé en robbes rouges, à la Pentecoste, de l'an 1585. rapporté par Monthelon, & qui sera produit, a esté donné sur cette matiere de renonciation, pour sçauoir si vne fille de douze ans, qui auoit renoncé moyennant quatre mille huit cens liures, à vne succession de trois cens cinquante mille liures, pouuoit estre restituée comme lesée en sa legitime; & la Cour verra que la fille fut deboutée de ses Lettres.

Et pour clore ce point sans question, les Arrests du Parlement de Prouence, rapportez par le President de saint Iean en son liure des decisions du Parlement d'Aix: ceux rapportez par Papon, du Parlement de Bordeaux: par Expilly, du Parlement de Grenoble; & par Maynard, du Parlement de Toulouse, sont tous rendus en l'espece de renonciations supposées valables en elles-mesmes par le droit commun, pour sçauoir si la lesion en la legitime en pouuoit operer la cassation.

Or s'il n'y a eû que la consideration de la lesion en la legitime qui ait jamais fait la matiere des contestations formées, au sujet de ces renonciations; il est euident que comme en collaterale il n'y a point à pretendre de legitime, ces renonciations ne sçauroient receuoir de contestation sous quelque pretexte que ce soit.

Reste donc à examiner ce que l'on dit, Que quoy que peres & meres puissent faire renoncer leurs filles en les dotant, qu'vn frere, vn oncle, ou autre collateral n'ait pas la mesme faculté, quand il fait office de pere, & qu'il marie & dote sa parente, sœur, niepce, ou autre.

Ce seroit vne loy fort extrauagante, que celle qui voudroit qu'vne fille qui reçoit sa dot de son pere, obligé de la doter, puiſſe renoncer au ſurplus de l'heritage paternel dû à l'enfant de droit diuin, naturel & humain; & que receuant ſa dot d'vn collateral qui ne luy doit rien, qui n'eſt obligé de luy rien donner, & qui peut diſpoſer de ſon bien comme il luy plaiſt, ſans eſtre tenu de luy en laiſſer aucune choſe, elle ne puiſſe pas renoncer à l'eſperance du reſte des biens de ce parent qui luy fait office de pere; & qu'enfin, celuy qui donne ſans obligation de donner, & par vne pure liberalité, ne puiſſe pas conditionner ſon bienfait, & y appoſer la charge de ne rien demander au ſurplus de ſes biens.

Les ſucceſſions collaterales ne ſont ni du droit diuin, ni du droit naturel: Du Moulin a fait cette remarque en ſon Conſeil 46. aprés l'auoir pris de Balde, ſur la loy *legis* 12. *tab. C. de legitim. heredibus*; & ſur la loy *fin. C. quorum bonorum*: Elles ſont purement de droit poſitif; & par cette difference, n'eſtant conſiderées que comme des preſens de la Fortune, elles ſont beaucoup moins fauorables que les ſucceſſions directes, pour eſtre auſſi plus facilement abandonnées.

Il faudroit qu'vne propoſition ſi eſtrange & ſi éloignée du ſens raiſonnable fuſt appuyée de quelques preuues, il ſe trouue neantmoins qu'elle eſt auancée ſans autre garentie que la parole.

Mais les conuentions qui ſont ciuiles, n'ont point beſoin d'autre loy pour eſtre validées que de la loy generale qui valide toutes pactions qui ſe font entre les hommes.

Il faudroit faire voir qu'il y eut loy prohibitiue de ce pact de non ſucceder en collaterale; mais au contraire la loy Romaine a validé toutes pactions de non ſucceder, fors au ſeul cas, que ce ſoit vn pere, ou autre aſcendant qui la ſtipule de ſa fille, ou autre deſcendante: Et du Moulin, en ſon Conſeil 15. cy-deuant rapporté, a eſté d'auis, que hors ce cas de ligne directe aſcendans, & deſcendans, *in cæteris*, dit-il, *cùm non ſit eadem ſaltem non tanta ratio*, *ſtandum eſt regulæ juris communis, pactis ſtandum præſertim nuptialibus.*

Si l'on vouloit dire que cette conuention de renonciation eſt contre les bonnes mœurs, il faudroit voir en le diſant ce que l'on auroit à répondre à ces paroles du meſme Auteur, au nombre 8. du meſme Conſeil, *Præterea illa conuentio nullo modo eſt contra bonos mores, in quibus jura in contrarium allegata fundantur, ſed conformis bonis moribus & vtilis in politia, & republica & valde fauorabilis.*

L'eſprit de tous les temps a eſté de retrancher les droits des femmes dans les ſucceſſions, pour la conſeruation des familles.

La loy diuine les rejettoit entierement de ces ſucceſſions, *Vſus vitæ veteris*, dit ſaint Gregoire, ſur le dernier chapitre de Iob, *hoc habebat vt fœminæ non ſortirentur cum maſculis.*

Par la loy des douze tables, & la Iuriſprudence mediaire, les femelles ne ſuccedoient point tant qu'il y auoit des maſles, quoy que plus éloignez de degré.

Et l'Hiſtoire de la Republique Romaine fait mention de cette loy populaire, ou plebiſcite Voconien, dont Caton le Cenſeur perſuada le peuple dans vne action publique, portant deffenſe à vn citoyen riche de cent mille ſeſterces de faire vne femelle ſon heritiere, quand elle ſeroit ſa propre fille.

La loy Salique, toutes les loix feudales, ces autres loix que l'on appelle familieres, qui ſont les anciennes couſtumes des Maiſons illuſtres, ont tousjours fait le partage des filles de leurs dots de mariage.

Et l'on trouue dans les regiſtres du Parlement, que cette loy fut pratiquée dans la Maiſon de Bourbon, auant que par le mariage de Beatrix de Bourbon, auec Robert de France Comte de Clermont, fils puiſné du Roy Louïs IX. elle fut alliée à la Maiſon de France, & donna ſujet à vn Arreſt celebre du mois de Feurier 1211. contre le Comte de Forcalquier qui auoit épousé vne fille de la Maison de Bourbon.

Ces conuentions enfin ont esté trouuées si justes, que la pluspart des peuples de la France en ont fait des loix publiques, comme il se peut voir par quantité de nos Coustumes.

Et enfin la liberté est demeurée par tout sans distinction de ligne directe, & de ligne collaterale.

Coquille en la question cy-deuant cottée, aprés auoir dit, que les renonciations aux successions à écheoir sont valables selon le droit des François, a adjousté ces mots: *Mesme quand c'est par la sœur, au profit de son frere, pour la conseruation des familles.*

Et Chassannée, en son Conseil 28. dans la Maison de Polignac, pour vne renonciation que Helie de Polignac auoit stipulée de sa sœur en la mariant.

Et en son Conseil 69. pour vne renonciation de sœur à la succession de son frere, il est d'auis, que la sœur estant predecedée, ses enfans ne sont pas receuables à pretendre la succession de leur oncle, comme exclus par cette renonciation.

Mais enfin ce qui peut auoir trompé l'Auteur de cét Inuentaire de production, quand il a auancé ce paralogisme; qu'on ne renonce pas valablement aux successions collaterales, comme aux directes, est ce qui a esté dit par quelques Auteurs, prejugé par quelques anciens Arrests, & definy par aucunes de nos Coustumes, Que les renonciations faites à toutes successions de pere & mere, freres & sœurs, & autres collaterales, par vne fille mariée par ses pere & mere, ne sont bonnes que pour les successions directes, & pour les biens desdites successions directes qui ont passé dans les collaterales, nullement pour les biens particuliers des collateraux, qui n'ont rien donné.

La raison de cette decision est assez euidente, Que si la fille renonce aux successions de ses pere & mere, elle reçoit son partage de leurs biens en renonçant, *Non est renunciatio, sed satisfactio:* Et si le hazard ne luy peut rien faire gagner, il ne luy peut aussi faire rien perdre.

Mais quand elle comprend dans sa renonciation les successions des collateraux, sur lesquelles elle ne reçoit rien, l'on a jugé qu'à leur égard, & pour les biens que les collateraux ont eus d'ailleurs, que des ascendans qui ont stipulé la renonciation, cette renonciation n'ayant point de cause, ne deuoit point aussi auoir son effet.

Mais quand c'est le collateral qui dote, & qui stipule la renonciation au surplus de ses biens, comme la condition de son bienfait, la renonciation a sa cause, & par consequent son effet irreuocable, auec sa charge, *Per renunciationem excluditur fœmina à successione dotantis*, dit le Benedict. *in cap. Raynutius. verbo duas habens filias*, num. 74. & cela ne fut jamais matiere de question.

Ce qui vient d'estre dit pour la deffense d'vn Contract de mariage, où tout est sacré & inuiolable, & de la condition apposée en la donation de six cens mille liures pour la dot sous laquelle il a esté fait, estant fondé sur les regles de l'vn & l'autre Droit Ciuil & François, ne laisse rien à dire à Madame la Princesse pour soustenir ses Lettres, ni autre chose à faire à la Iustice qu'à l'en debouter suiuant les Conclusions prises par Monsieur l'Aduocat General Bricquet, lors de la plaidoyrie de la cause.

DV TESTAMENT DE MONSIEVR le Cardinal de Richelieu.

SECONDE PARTIE.

SOVS la cotte D, Madame la Princesse ne produit autre piece que le Testament dudit deffunt sieur Cardinal, sur lequel elle pretend faire remarquer plusieurs pretenduës nullitez, qu'elle deduit sous les cottes suiuantes, jusqu'à la fin de l'inuentaire de sa production.

Fin de non receuoir contre Madame la Princesse en cette dispute.

ELLE ne doit pas attendre que l'on entre auec elle de plain pied dans le traité de la validité, ou inualidité de ce testament; c'est tout ce qu'on pourroit faire auec vne partie qui auroit qualité pour le disputer.

Or quand on aura leû la clause de son Contract de mariage, l'on jugera que quand il n'y auroit point eû de testament, elle ne pourroit rien pretendre dans ces biens, ni de son chef, ni comme heritiere de la deffunte Damoiselle Ieanne de Brezé sa sœur, ni comme heritiere du deffunt Marquis de Brezé son frere; & par consequent elle est aussi peu receuable à disputer ce testament, que le seroit vne personne estrangere qui n'auroit jamais esté habile à succeder.

La clause porte, *Que moyennant la somme de six cens mille liures, Monsieur le Cardinal a declaré son intention estre, que ladite Dame ne puisse rien pretendre en la succession & biens prouenans de luy, soit directement, ou immediatement du chef de ladite Dame, soit mediatement en quelque maniere que ce puisse estre, tant qu'il y aura frere germain ou descendant dudit frere de ladite Dame, soit masles ou femelles; ou qu'il y aura cousins germains, ou cousines germaines, ou descendans d'iceux, masles ou femelles de la branche dudit sieur Cardinal.*

Ces termes sont non seulement les plus amples & les plus estendus qui se puissent voir en Contract de cette qualité; mais ils ont preueu tous les cas dans lesquels Madame la Princesse auroit pû profiter du surplus des biens de Monsieur le Cardinal, par les differentes successions qui pouuoient auoir leurs ouuertures en sa personne.

Premierement, elle auroit pû succeder directement &

immediatement de son chef, comme heritiere du deffunt; & ces premiers termes de la clause, *Qu'elle ne pourra rien pretendre en sa succeßion directement ou immediatement de son chef*, sont formels pour l'en exclure.

En second lieu, elle auroit pû, comme heritiere de sa sœur, & dudit sieur Marquis de Brezé son frere, recueillir la portion des biens qu'ils auroient euë par la mediation de ces deux autres successions: Ce cas a encore esté preueu, & ces termes, *soit immediatement du chef de ladite Dame, soit mediatement, en quelque maniere que ce puisse estre*, l'ont encore excluse de ces successions mediates, aussi bien que de l'immediate.

En troisiéme lieu, lesdits Sieur & Damoiselle de Brezé pouuoient laisser des enfans, ladite Dame en estre heritiere, & recueillir ces portions de biens dans leur succession : Cét autre cas a aussi esté preueu non seulement par ces mots, *soit mediatement en quelque maniere que ce puisse estre*, excluans tous moyens, & tous degrez de succession; mais encore par la clause suiuante.

Car en quatriéme lieu, l'on a preueu que les enfans dudit sieur Marquis de Brezé pourroient auoir des enfans, & qu'il y pourroit auoir des descendans desdits enfans qui viendroient enfin à defaillir, ladite Dame en estre heritiere, & par cét autre moyen recueillir cette mesme portion de biens: & ces termes dans la suite de la clause, *Tant qu'il y aura frere germain, ou descendant dudit frere de la future épouse, soit masles ou femelles; ou qu'il y aura cousins germains, ou cousines germaines, ou descendans d'iceux masles, ou femelles descendans de la branche dudit sieur Cardinal Duc*, sont tellement precis & formels pour son exclusion, au profit du descendant de cousin germain qui est Monsieur le Duc de Richelieu; & cette exclusion est si nettement écrite dans la clause de ce Contract de mariage, que comme ladite Dame demeure d'accord, que de son chef elle ne sçauroit rien pretendre dans les biens dudit deffunt tant que sa renonciation subsistera,

sistera, elle est forcée de reconnoistre par les termes precis & formels dont elle est reuestuë, qu'elle l'exclud pareillement de tout ce que le droit commun luy auroit deferé dans les mesmes biens par la mort, & comme heritiere desdits sieur de Brezé son frere, & Damoiselle sa sœur.

Il n'y aura donc plus de cause entre les parties, quand Madame la Princesse aura esté deboutée de ses Lettres, & que sa renonciation demeurera dans l'estat de sa validité incontestable. Il n'y a plus rien à voir & examiner auec elle touchant le testament, pour sçauoir si la succession a esté deferée, ou au titre de sa disposition, ou *ab intestat*, puisque de quelque nature qu'elle soit, ou testamentaire, ou legitime, l'exclusion est égale pour Madame la Princesse, soit de son chef, soit de celuy dudit sieur de Brezé son frere, & de sa sœur, par les termes de sa renonciation; & par consequent elle n'a point de qualité pour contester ce testament.

Cette fin de non receuoir fondée sur la subsistance necessaire du Contract de mariage de ladite Dame, qui ne sçauroit dans les regles de la Iustice receuoir d'atteinte en aucune de ses clauses, en attire vne autre de tres-grande consideration, qui est, que ce testament a esté executé, & confirmé entre toutes les parties interessées.

Et pour commencer par ladite Dame, il a esté monstré au commencement de ce discours, qu'elle a obey à la volonté du deffunt, quand il a declaré vouloir qu'elle se contentât de ce qu'il luy auoit donné en mariage, moyennant quoy elle auoit renoncé à sa succession: car aprés sa mort elle a tellement témoigné qu'elle estoit dans cét acquiescement, qu'elle n'a voulu prendre part ni à l'inuentaire des biens, ni aux autres actes de la famille.

Le sieur Marquis de Brezé a pris les legs portez par le testament, sans auoir voulu d'autre partage; & quoy que ladite Dame sa sœur l'eust rendu partie en la cause, il est mort en cette volonté.

Elle a pris les mesmes biens aprés la mort de son frere, au prejudice de sa double exclusion, de sa renonciation, & du *fideicommis* apposé au testament; & comme son heritiere elle ne demande point encore d'autre partage.

Le sieur Mareschal de Brezé a transigé pour Damoiselle Charlotte de Maillé sa fille puisnée, de ce qui luy pouuoit appartenir pour sa part des propres de la succession du deffunt, sur le fondement de ce testament.

Enfin chacun a receu ce qui luy a esté legué, & c'est vn acte parfaitement executé à la veuë de Madame la Princesse; c'est à dire de la part de Messieurs les Princes pere & fils, & de leur Conseil, lors qu'elle a fait naistre ce procés.

Les inductions que l'on tire de la production de ce testament, sous cette cotte, ne sont que generales; on y trouue tout estrange, qu'vn Notaire soit present, & que le testateur parle; que ce soit vn testament secret, & qu'vn Notaire en soit le scripteur; qu'il ait la teste d'vn acte public, & le corps d'vn testament holographe; & enfin l'on veut qu'il ait esté enuoyé de Paris tout écrit, dans la croyance que le deffunt le pourroit signer, & que ne le pouuant faire, on ne l'ait fait que transcrire.

Le Notaire a fait ce qu'il deuoit faire, quand il a dit au commencement, que le testateur luy auoit declaré l'auoir mandé pour receuoir son testament en la maniere qu'il l'a écrit: & le testateur a fait ce qu'il vouloit faire, quand il luy a fait écrire ce qu'il auroit écrit luy-mesme s'il auoit esté en estat de le pouuoir faire.

L'on demande, si ce testament seroit meilleur si le Notaire n'auoit rien dit, s'il n'auoit fait que prester sa main; si son rapport & son attestation, qu'il a esté mandé, & qu'il a receu ce testament, y peuuent auoir mis quelque defaut; si c'estoit son Clerc qui en eust esté le scripteur; si vne femme; si mesme vn esclaue, dans les termes du Droit Romain: car toute personne peut écrire le testament solemnel ſous le teſtateur, meſme vne femme en la loy 6. §. dernier, & en la 15. §. penultiéme. *ff. ad l. Corneliam. de falſis*, & meſme l'eſclaue. Le Notaire a parlé de ce qui eſt de ſon faict, tout autre ſcripteur auroit pû faire la meſme choſe; & le teſtateur a dicté, & luy a fait écrire les paroles de ſa volonté.

Enfin, s'il eſt vray que ce teſtament euſt eſté enuoyé de Paris tout dreſſé, pourquoy le deffunt l'auroit-il fait tranſcrire? il n'auroit eû qu'à le plier & le cacheter, & il n'auroit pas cherché la fatigue de ce grand trauail en l'eſtat qu'il eſtoit, s'il auoit pû s'en diſpenſer: Ce faict eſt donc allegué auſſi bien ſans apparence que ſans preuue.

L'on paſſe comme inutile ce qui a eſté dit en cét endroit; que ce teſtament n'eſt pas nuncupatif, puiſqu'on ne pretend pas qu'il ſoit de cette qualité, ni qu'il ſoit autre que myſtique & ſolemnel. Mais l'on remarquera en paſſant, qu'il n'eſt pas vray qu'au teſtament nuncupatif redigé par écrit, le nom de l'heritier doit eſtre écrit de la main du teſtateur, parce que le teſtament nuncupatif ſe faiſoit de viue voix, & qu'il n'y a qu'en France où il doit eſtre mis par écrit.

En vn mot, la loy a voulu que le teſtament ſolemnel fuſt redigé par écrit, à la difference du teſtament nuncupatif: mais qu'il fût écrit ou de la main du teſtateur, ou de telle autre main que ce fuſt; elle a declaré qu'il eſtoit indifferent, *vel ipſius teſtatoris, vel cujuſlibet manu conſcriptum;* Ce ſont les termes de la Conſtitution de Theodoſe, & de Valentinien, qui a preſcrit la forme des teſtamens ſolemnels.

Sous la cotte E, l'on ne produit autre choſe que l'acte de la ſuperſcription qui fut écrit ſur le dos de ce teſtament, aprés que le teſtateur l'a eû cacheté.

Contre l'inobseruation de la formule de la loy singulos, *alleguée pour premiere nullité.*

ARTICLE PREMIER.

CET acte est signé de sept témoins, & du Notaire; & la premiere nullité dont on l'accuse est, que les témoins n'ont pas gardé dans leurs signatures la forme de la loy *Singulos. ff. qui testamenta facere possunt*, en ce qu'ils n'ont pas dit qui ils estoient, & de qui ils signoient le testament. *Singulos testes qui in testamento adhibentur, proprio chirographo adnotare conuenit quis & cujus testamentum signauerit:* & l'on voudroit que suiuant l'ancienne formule, chaque témoin eust écrit en signant; *Ego talis dico & assero me adhibitum in testem, in præsenti testamento facto per Titium, ideo propria manu me subscripsi & sigillaui:* ou celle que Cujas a rapportée sur la loy *ad testium. Lucius Titius Seii testamentum subscripsi & obsignaui:* ou celle de Barthole à peu prés semblable, sur la loy penultiéme *ff. de testamentis*, dont Monsieur le President Brisson a fait mention dans son liure *De formulis.*

Si nous viuions au siecle de l'Auteur de cette loy, qui fut ce grand Iurisconsulte *Iulius Paulus*, dont la statuë se voit encore dans la ville de Pauie, qui eut l'honneur de la Preture, & du Consulat, & par la mort de *Domitius Vlpianus*, monta à la dignité de Prefet du Pretoire, sous Alexandre Seuere; ou que nous fussions contemporains de l'Empereur Iustinien, qui dans la compilation qu'il fit faire des Digestes, adopta pour loy la tradition de ce grand personnage, tirée du troisiéme liure de ses Sentences: Cette induction de nullité, fondée sur ce texte formel, auroit sans doute son poids dans la balance de la Iustice.

Mais où va-t-on chercher vne antiquité que l'vsage a abrogée il y a plus de mille ans, pour en faire vne nullité dans vn testament fait plus de dix siecles aprés que la memoire en a esté enseuelie par vn changement dont voicy l'histoire.

Ces anciens peuples n'appelloient point de Notaires dans les actes de cette qualité : quand vn Romain vouloit faire vn testament solemnel, il l'écriuoit, ou le faisoit écrire par le premier venu, s'il vouloit mesme par l'vn de ses serfs, plioit son papier, & le lassoit tout autour d'vn cordon de soye qu'il enuironnoit de ses cachets; cela fait, il faisoit venir ou sept témoins, quand il auoit signé; ou huit témoins, quand il n'auoit pû signer : il leur presentoit ce testament comme sa disposition de derniere volonté, pour en signer la souscription, & alors chaque témoin écriuoit suiuant la loy *singulos. Lucius Titius Seii testamentum subscripsi & obsignaui.* S'ils en auoient vsé autrement, l'on n'auroit pas sceu la qualité de ces témoins, ni de qui ils auoient entendu signer le testament.

Ces actes se faisoient sans y appeller de Notaire, ils subsistoient en la signature du testateur, & de sept témoins s'il auoit signé, ou de huit témoins s'il n'auoit point signé.

Mais l'vsage qu'vn Ancien a appellé le grand Legislateur; & vn autre, le Maistre de toutes choses, a introduit le ministere des Notaires dans les Testamens, & dans les Contracts; & les Notaires ont fait les actes de souscription au dos des testamens solemnels, contenant l'exhibition faite par vn tel de l'acte qu'il a dit estre son testament, sa declaration que c'est son ordonnance de derniere volonté qu'il veut estre executée, & des noms & qualitez des témoins qui le souscriuent.

Or cette souscription des témoins à cét acte de superscription, qui contient leurs noms & leurs qualitez, aussi bien que celuy du testateur qui a exhibé la piece, les a dispensez de rapporter, en parlant d'eux-mesmes & du testateur, ce que le Notaire auoit écrit : Il n'a plus esté necessaire de dire, *Quis & cui*, en signant, puisque le tout estoit contenu dans l'acte qu'ils ont signé.

La souscription d'vne écriture faite par vn autre, est vne aussi entiere approbation de ce qu'elle contient, que si le soussignant mesme l'auoit écrite; *Tantum valet subscriptio ad obligandum subscribentem, quantum si scriptura tota fuisset illius manu scripta:* c'est la decision expresse de la loy *Emptor. §. Lucius. ff. de pactis:* & la tradition commune de tous les Maistres, tant sur cette loy, que sur la loy, *Si quis. de argentariis. ff. de edendo.*

Aussi, depuis que les Notaires ont esté employez à receuoir les actes de cette qualité, cette ancienne formule est demeurée abrogée, & les témoins ont esté dispensez d'écrire en signant ce qu'ils ont trouué tout écrit dans l'acte qu'ils ont signé.

Les Ordonnances du Royaume n'ont desiré autre chose des témoins que leurs signatures dans les actes.

Et mesme la Nouelle de Leon 43. rapportée par Harmenopule, Professeur de Droit à Constantinople, derogeant à cette formalité des testamens, a voulu qu'ils n'eussent besoin pour leur validité que de la seule souscription des témoins, *vt eis ex sola testium subscriptione fides non denegetur.*

Et enfin, les Auteurs François, comme Bignon art. 15. & Automine, sur cette mesme loy *Singulos*, ont rendu les témoignages publics de l'abrogation de cette ancienne formule: Le premier en a parlé en ces termes; *Nous ne gardons en France la solemnité de cette loy* Singulos, *estant seulement tenus les Notaires, par l'Ordonnance d'Orleans, de faire signer les témoins:* Et le second, *Lex Singulos abrogata ex Constitutione Aurelianensi.*

Ainsi le testament dont il s'agit, a cause commune auec tous les testamens qui ont esté faits en France depuis plusieurs siecles; & si cette formule fut autrefois pratiquée, le temps, ni les anciennes Archiues n'ont point conserué de testamens qui en puissent faire foy.

Contre le defaut d'apposition de cachets par les témoins, allegué pour seconde nullité.

ARTICLE SECOND.

SOVS la cotte F, l'on ne fait qu'employer le mesme testament pour preuue d'vne seconde pretenduë nullité, en ce que les témoins n'y ont point apposé leurs cachets. Vn Arrest du 22. Decembre 1634. donné au profit de Monsieur Menardeau; par lequel on pretend que le testament de feu Monsieur l'Euesque d'Acqs a esté cassé sur ce defaut: Les textes des loix, *hac consultissima*, & *si vnus. C. de testam.* & de la loy *ad testium. ff. qui testam. fac. poss.* à quoy l'on a joint l'autorité de Messieurs les Presidens Brisson, & du Vair.

L'vsage est le maistre de la loy, l'abroge, la change, la restraint, la modifie, & se met à sa place par l'autorité du consentement vniuersel qui l'introduit, le maintient, & le conserue.

La formalité des cachets des témoins introduite par le Droit Ciuil, est depuis long-temps inusitée; les Nouelles 42. & 82. de Leon l'auoient desja abrogée: & l'Ordonnance qui n'a desiré que les signatures des témoins aux testamens, & autres actes, a laissé d'autant moins de scrupule pour les cachets, que les Notaires ont esté employez à la reception des testamens, & les parafes des témoins adjoûtez à leurs signatures.

L'Arrest de Monsieur Menardeau, que l'on veut auoir seruy de prejugé contraire en l'année 1634. quand il sera rapporté, ne garentira point l'induction que l'on en tire; & tant s'en faut que la Cour soit jamais entrée en consideration de ce pretendu defaut, qu'elle l'a rejetté en deux rencontres celebres; l'vn en la cause du testament de deffunt Maistre Iean Desbarats Secretaire du Roy, demeurant à Bordeaux, Maistre Pierre le Maistre plaidant pour Isabeau Desbarats fille du deffunt, & requerant la cassation du testament, fondée sur plusieurs nullitez, entre lesquelles elle mesloit celle de ce defaut de cachets : & Maistre Claude Gauthier qui soustenoit le testament, plaida, que cette formalité n'estoit point obseruée ; & feu Monsieur l'Aduocat General en parla en ces termes : *Pour ce qui est des cachets, n'est besoin de s'y arrester ; parce que dans la Guyenne, & autres Prouinces de droit écrit, cette formalité des Romains n'est point obseruée, & a esté comme abolie par vsage & desuetude qui fait loy, & reforme l'ancien en introduisant vn nouueau droit.* Et neantmoins sur les autres nullitez manifestes qui se peuuent voir expliquées dans le discours de l'Arrest, il requit la cassation du testament, & ses conclusions furent suiuies par l'Arrest de la Cour du 20. Auril 1635. mais sans consideration de ce defaut de cachets, comme les termes qui viennent d'estre obseruez ont fait remarquer.

L'autre prejugé formel contre cette pretenduë nullité, est l'Arrest donné en la Grande Chambre le 20. Iuin 1659. pour le testament du Cheualier de la Ferriere : Le mesme defaut de cachets de témoins estoit allegué pour nullité, & neantmoins le testament fut confirmé.

Les Auteurs qui ont écrit des formalitez des testamens solemnels, sont les juges, & les témoins de ce different d'vsage.

Espeisses, docte Iurisconsulte du Parlement de Toulouse, au volume 2. de ses œuures, partie 1. section 4. nombre 113. en a parlé en ces termes : *Bien que par le Droit Romain ce testament ne fust pas valable, s'il n'estoit non seulement signé, c'est à dire souscrit ; mais aussi marqué du cachet des sept témoins : Aujourd'huy il est valable en France, encore qu'il ne soit point cacheté, c'est à dire marqué du cachet desdits témoins.*

Maistre Iean Papon, Lieutenant general au Bailliage de Forests, regi par le droit écrit, ancien Auteur, qui a écrit sous le regne de François II. a rendu le mesme témoignage au 1. volume de ses Notaires, liure 7. titre des testamens, en ces

ces termes : *Aujourd'huy est reconnu si peu de fruit du cachet, que la signature suffit, sans plus s'arrester au cachet, la solemnité duquel semble plus ceremonieuse qu'utile, & notamment que l'on pouuoit seeller de cachet emprunté.*

Maistre François Barry, Iurisconsulte de Dauphiné, en son œuure *De successionibus testati, & intestati*, liure 1. titre 1. nombre 35. *Hodie (inquit) ex consuetudine generali signa testium non requiri in hoc testamento solemni, sed sufficere eorum subscriptiones, dummodo signum, & subscriptio Notarii apposita sit.*

Maistre Iean Bouuot, Aduocat au Parlement de Bourgogne, au 1. volume de son recueil d'Arrests du mesme Parlement : *L'on demande*, dit-il, *si le testament, par le defaut d'apposition des seaux d'aucuns témoins, peut estre debatu de nullité : a esté répondu, que par la loy*, Hac consultissima, *l'apposition des seaux des témoins est bien requise.* Mais en France, tel defaut n'est suffisant pour annuller vn testament, dautant que par l'Ordonnance d'Orleans, article 184. & par celle de Blois, article 165. il est bien requis que le testateur, & témoins qui sçauent signer signent le testament ; mais il n'est point parlé de l'apposition des seaux aux testamens.

Enfin (car il seroit trop long de copier ce qu'en ont dit les Auteurs, en vne matiere qui n'a pas seulement l'ombre d'vne difficulté) l'on peut voir Theueneau sur les Ordonnances, le Iurisconsulte d'Auignon *Franciscus de Tonduti* en son liure *Resolutionum ciuilium* ; le Molina Espagnol, *tract.* 2. *disput.* 125. & Maistre Iean Henry, au 2. volume de son recueil d'Arrests, & questions, liure 5. question 3. lesquels tous ont témoigné cét vsage vniuersel de la France en l'abrogation de la loy des cachets.

Cette seconde pretenduë nullité doit donc suiure le sort de la premiere, c'est à dire le mesme rejet, comme chose qui ne meritoit pas d'estre alleguée.

Sous la cotte G, l'on employe encore le mesme testament, pour preuue d'vne troisiéme pretenduë nullité, que l'on fait consister en ce que l'on dit, que ni le testateur, ni celuy qui a deû ſouſcrire pour luy, n'ont point ſigné en preſence des témoins.

L'on employe encore pour preuue de droit la loy *Diuus.* §. *item ſenatus. ff. ad l. Corneliam. de falſis*, dont la deciſion eſt, que le teſtateur doit ſigner ſon teſtament, quand il a employé vne autre main pour l'écrire.

Et enfin la loy, *hac conſultiſſima*, en ce qu'elle porte, que ſi le teſtateur ne peut écrire, *octauo ſubſcriptore adhibito eadem obſeruentur*: d'où l'on prend ſujet de dire, que le Notaire qui a fait l'acte de la ſuperſcription n'a point eſté ce huitiéme ſouſcripteur, & qu'il n'a ſatisfait ni à la forme de la ſuperſcription, ni à l'office de témoin.

Contre ce qui eſt objecté pour quatriéme nullité; que le Notaire ne peut eſtre compté pour huitiéme témoin.

ARTICLE TROISIESME.

SOVS la cotte H, eſt encore le meſme employ du teſtament, & de l'acte de ſuperſcription, pour preuue d'vne quatriéme pretenduë nullité fondée ſur cette propoſition; que le Notaire Falconis n'a ſigné, ni pû ſigner comme témoin, & qu'ainſi c'eſt vn teſtament non écrit & non ſigné du teſtateur, où il n'y a que ſept témoins au lieu de huit, que la loy requiert: ce que l'on appuye des autoritez de Barthole, & Paul de Caſtres, ſur la loy *Domitius Labeo* de Balde; ſur la loy, *hac conſultiſſima*, d'Alexandre en ſon Conſeil 1153. n. 170. & d'vn Docteur Italien que l'on ne nomme point.

Comme cette quatriéme pretenduë nullité eſt la meſme choſe que la troiſiéme, ces deux cottes ont eſté aſſemblées pour les deſtruire l'vne & l'autre par vn meſme contredit.

La Cour eſt ſuppliée de faire reflexion ſur ce qu'il faudroit qu'elle jugeât pour caſſer vn teſtament ſur cette imaginaire nullité.

Il faudroit qu'elle jugeât, que feu Monsieur le Cardinal de Richelieu auroit fait vn fort bon testament, si auec les sept témoins, il auoit appellé pour huitiéme souscripteur le dernier homme de la ville de Narbonne, sans Notaire ; & que parce qu'il s'est seruy d'vn Officier public, de celuy qui a serment à la Iustice, & l'autorité de la signature duquel fait la stabilité de toutes sortes de Contracts, son testament ne vaut rien.

Il y a des propositions qu'il ne faut que rendre sensibles pour les faire rejetter, comme ces choses que l'on passe pour dites, & non oüies : car c'est dire en effet, que ce testament ne vaut rien, parce qu'il est trop bon.

Mais enfin il s'agit de juger d'vne formalité de droit ; les textes qui l'ont introduite en sont les Iuges : aprés les textes, la Glose : aprés la Glose, la maniere d'vser commune & vniuerselle de toute l'Europe.

Il n'y a que deux loix dans tout le Droit Ciuil, qui ayent voulu la souscription d'vn huitiéme témoin.

La premiere, dans l'ordre des temps fut la Constitution des deux Empereurs, Theodose le Ieune, & Valentinian, de l'an de salut 439. qui commence, *hac consultissima lege sancimus*, où ils ont fixé le nombre de sept témoins, quand le testateur auoit pû écrire ou signer son testament : & quand il n'auoit pû écrire, ou le signer, ils ont desiré la souscription d'vne huitiéme personne, sans la qualifier autrement que souscripteur, en ces termes ; *Quòd si litteras penitus testator ignoret, vel subscribere nequeat, octauo subscriptore pro eo adhibito eadem seruari decernimus.*

La seconde fut la Constitution de l'Empereur Iustin faite 82. ans aprés, qui fut l'an 521. commençant comme la precedente, *hac consultissima lege sancimus :* Cette loy a esté faite pour les aueugles qui voudroient faire leur testament.

Comme ces personnes qui ne voyent rien sont beaucoup plus exposées aux surprises, que ceux qui peuuent tout voir, cét Empereur a voulu fortifier leurs testamens d'vne seureté plus grande, & d'vne precaution plus exacte que Theodose & Valentinian n'auoient recherchée aux testamens des voyans: cette precaution, & cette seureté plus grande pour rendre le testament plus asseuré, a esté, que le huitiéme témoin desiré par la loy precedente fust vn Notaire, que ce Notaire fust le scripteur du testament, qu'il en fist la lecture au testateur, & qu'il le signast auec les sept témoins.

Mais parce que les Notaires n'estoient pas alors ordinaires, & qu'il y auoit quantité de lieux où il ne s'en trouuoit point: ce sont les termes de la loy: *Sed quia tabulariorum copia non in omnibus locis datur quærentibus.* En ce cas, si la loy ne peut auoir ce qu'elle desire, vn Notaire pour huitiéme témoin, elle veut que suiuant la loy precedente l'on prenne vn homme particulier le premier que l'on trouuera, *Iubemus vbi tabularius reperiri non poßit, octauum adhiberi testem.*

Le vœu de la loy est donc d'auoir vn Notaire pour huitiéme témoin; ce n'est que par necessité, & en cas que l'on ne puisse trouuer de Notaire, qu'elle souffre le témoin commun; le plus ne se pouuant, elle se contente du moins.

Cependant, l'on veut qu'il y ait vice dans ce testament, parce que le deffunt ne pouuant signer, il a pris vn Notaire, auec sept témoins, pour écrire & pour signer: c'est dire en effet que ce testament seroit bon, si Monsieur le Cardinal auoit esté aueugle: qu'il ne vaut rien, parce qu'il estoit tres-éclairé, qu'il voyoit trop bien ce qu'il faisoit, & que l'office du Notaire qui perfectionne tous les actes, a mis du defaut dans celuy-cy.

On laisse au sens commun de juger, si quand la loy de 439. a dit simplement, *octauo subscriptore adhibito*, elle n'a pas souhaitté que ce pust estre vn Notaire plustost que le premier homme particulier, puisque celle de 521. n'a voulu que ce pust estre vn indifferent, qu'en cas que l'on ne pust trouuer de Notaire : Aussi dans vne espece qui se pouuoit proposer auec plus d'apparence ; de sçauoir, si celuy qui a écrit le testament, pouuoit encore y estre témoin ; le Iurisconsulte Celsus, en la loy *Domitius Labeo*, a répondu, *Aut nescio quid dicis, aut stulta est consultatio tua*. Il est vray que Barthole a traité cette réponse de rustique, & voulu excuser le consultant, en disant, qu'il ne demandoit pas si le scripteur pouuoit estre aussi témoin : mais s'il pouuoit estre témoin sans que le testateur le priât de l'estre. Mais il est vray aussi, que ceux qui sont venus aprés luy ont traité son interpretation de pis que le Celse n'auoit fait la question, & monstré qu'il y auoit plus d'apparence de demander, si le scripteur pouuoit encore estre témoin, *quia nemo in re sua testis est idoneus, cùm scriptum illud rem ejus esse videretur*, que de demander, si celuy qui a esté prié d'écrire est reputé prié pour signer.

Mais que la demande ait eû, ou n'ait point eû d'excuse, enfin chacun est d'accord, qu'il n'a pû estre demandé dans le bon sens, si celuy qui a écrit peut aussi signer comme témoin. On laisse à juger, s'il y a plus de raison de demander, si celuy qui a écrit, estant Notaire, peut aussi seruir de témoin.

Il vient d'estre monstré par les textes, que l'on ne sçauroit faire vne question serieuse, de sçauoir si le huitiéme témoin peut estre le Notaire qui a receu l'acte.

Aprés les textes, c'est la Glose d'Accurse qui tient la premiere autorité dans le Droit Ciuil ; elle s'est expliquée en trois endroits, Que le Notaire peut remplir la place de ce huitiéme témoin.

Le premier lieu est sur la Constitution de Iustin, *hac consultissima. C. qui testam. fac. possunt ;* sur le mot, *octauus : Ergo (inquit) tabularius computatur in numero octo testium, & idem est in aliis testamentis*.

Le second est sur l'authentique de *Cautela & fide instrumen-*

torum; & sur le mot, *inter quos: Id est (inquit) de numero eorum erit qui scribit pro contrahente, hoc est tabellio, & sic tabellio est de numero testium.*

Le troisiéme est sur la loy *Domitius Labeo;* & le mot, *adhibitus: Ergo (inquit) tabellio computatur in numero testium.*

L'on reconnoist pour Madame la Princesse, que les textes n'excluent point le Notaire d'estre huitiéme témoin, & que la decision de la Glose est veritable, qu'il peut estre compté dans le nombre des témoins: mais l'on dit que cela ne vuide pas la question, parce qu'il peut estre compris dans le nombre des témoins en vn testament où il ne fera point de fonction de Notaire; mais qu'il ne peut pas soustenir ensemble les deux personnes, & faire les deux fonctions, de Notaire & de témoin: c'est toute la force de l'argument, pour fortifier lequel on se sert des autoritez des grands Iurisconsultes Barthole, Balde, Alexandre, & Paul de Castre.

C'est trop peu de dire que les textes n'excluent point le Notaire pour huitiéme témoin; il vient d'estre monstré, que non seulement ils le reçoiuent, mais le souhaitent & le desirent, & ne se contentent de l'indifferent qu'en cas qu'il ne se trouue point de Notaire.

Mais ce n'est rien dire qui puisse estre consideré, que de dire que le Notaire ne peust pas estre compté entre les témoins comme Notaire, quand il fait sa fonction de Notaire.

La raison en est tirée des termes des textes, & des trois gloses qui viennent d'estre rapportées.

Les textes veulent qu'auec les sept témoins on ait vn Notaire qui écrira pour le testateur, & fera tous les autres actes de sa fonction; & que s'il ne peut estre trouué de Notaire, on se contentera de prendre vn indifferent pour huitiéme témoin.

Et les gloses disent, que ce mesme Notaire, appellé comme Notaire, *nomine officii*, & non pas comme particulier, pour suppléer au huitiéme témoin, doit estre compté entre les témoins : Ce raisonnement est donc destruit par les decisions positiues des textes & de la glose.

Les anciens Docteurs Barthole, Balde, & Alexandre n'ont rien tenu de contraire à ces doctrines contextes.

Mais ils ont examiné d'autres questions, par exemple; de sçauoir, si l'acte requerant vn Notaire & certain nombre de témoins, le Notaire pouuoit estre compté pour vn témoin : *Aut ad solemnitatem requiritur certus numerus testium & tabellio, & tunc tabellio non computatur in numero testium :* Ce sont les termes de Barthole sur la loy *Domitius*, qui ne conuiennent nullement à l'espece du testament solemnel; car le nombre certain des témoins y est bien requis : mais la loy n'a parlé de Notaire qu'au testament de l'aueugle ; où desirant vn Notaire, elle a voulu qu'il n'y eust point d'autre huitiéme témoin.

Aussi le mesme Auteur a adjousté, *Sed vbi sufficit ad solemnitatem scripturæ certus numerus testium, nec requiritur tabellio*, qui est manifestement le cas du testament solemnel où la loy ne demande que des témoins, sans Notaire : *Tunc tabellio computatur in numero testium :* Tellement que ce premier Auteur manque de garentie à sa citation; il faut entendre le second, qui est Balde.

Il parle dans les termes d'vn acte qui demande l'attestation de deux personnes pour témoins, pour sçauoir si le Notaire peut tenir lieu d'vn témoin, en sorte que l'acte soit valable, auec vn seul témoin & le Notaire : Et il est d'auis que le nombre des témoins doit estre complet, sans le Notaire, *Alioquin absurdum esset dicere quòd sufficiat instrumentum habere vnum solum testem.*

Il est vray qu'en suite, cét Auteur ne veut pas que le nombre des sept témoins soit diminué par le Notaire, ni qu'vn testament puisse estre bon auec six témoins & vn Notaire ; parce que la loy en a voulu sept par rapport aux sept personnes qui interuenoient au testament dont se ser-

veulent que quelque chose de plus que les sept témoins ordinaires, quelque solemnité plus grande pour suppleer au defaut de signature du testateur. Or que la loy ne puisse pas estre satisfaite d'vn Notaire qui tient son caractere d'elle-mesme, & qui a la creance publique ; & que son sentiment ait esté d'auoir plustost le premier passant, ou le dernier homme de la ville : il a esté desja monstré, que cela ne peut pas estre serieusement soustenu.

Alexandre distingue, *quando probatur per instrumentum*, le Notaire n'est pas compté au nombre des témoins ; *si per testes*, qu'il peut tenir lieu de témoin : ce qui ne peut auoir d'application au testament solemnel, auquel il est essenciel d'estre par écrit ; & encore moins au cas special du testament de celuy qui ne peut écrire, ni signer, pour lequel il y a des decisions expresses.

Paul de Castre rejette ces distinctions, & est d'auis contraire aux deux autres.

Et les Iurisconsultes pratiques, qui sont venus depuis, entre lesquels est celuy qui a composé le liure intitulé, *Ars Notariorum*, dans lequel il a rapporté toutes les formes des instrumens ciuils, pose la question generale ; *An tabellio computetur in numero testium ;* & tient, que comme dans les testamens il n'est point requis d'auoir de Notaire, il peut tenir lieu d'vn témoin, *Hoc speciale*, dit-il, *in testamentis.*

Monsieur Cujas remarque, que trois témoins estoient autrefois requis dans les instrumens, mais que l'on s'est reduit à deux, & le Notaire, *Propterea quòd tertii vicem explet tabellio.*

La Nouelle de Iustinian 73. veut cinq témoins en vn Contract où l'vne des parties n'a pû signer ; & de plus, que le Notaire soit passé pour vn témoin.

Mais enfin, il faut venir à l'vsage, & entendre les témoins sans reproche qui nous l'ont transmis de temps à autre.

Le premier est celuy que Chassannée a appellé *Pater practicæ, Ioannes Faber*, Auteur de plus de deux cens ans, qui fut Chancelier de France, & qui tient le premier rang parmy les Docteurs François : c'est sur le §. *Possunt.* aux Institutes *de testamentis* : où parlant de celuy qui ne peut écrire, ni signer, il dit, qu'auec les sept témoins il faut qu'il prenne vn Notaire : *Si scribere nescis, Notarium adhibeas qui subscribat.*

Le Lieutenant general au Siege de Forests, païs de Droit écrit, Iean Papon, au 1. tome de ses Notaires, liure 7. titre des testamens, s'en est expliqué en ces termes : *Si le testateur ne sçait, ou ne peut signer, est requis d'y adjouster vn personnage, comme disent les Empereurs, lequel signera ; & sera pour le plus seur que ce huitiéme soit vn Notaire qui receura ledit acte.*

Le Iurisconsulte moderne du païs de Dauphiné, Barry, au 1. liure, titre 1. nombre 30. rejette la distinction de Balde & d'Alexandre : *Inepta (inquit) est distinctio : nam stultum est dubitare, an testium numero habendus sit is qui cùm rogatus est ad testamentum scribendum, idem quoque cùm tabulas scripsisset signauerit : hac ratione si testamentum sit solemne, non aliter tabellionem computari in numero testium quàm si id subscripserit & signauerit.*

Michaël Grassus, celebre Professeur en l'Vniuersité de Rostoch en Allemagne, où le Droit écrit est obserué, sur le §. *testamentum*, question 57. nombre 16. *Quæro item numquid tabellio possit in testem adduci & numerari, respondeo quòd sic requiritur, tamen si in scriptis fiat quòd subscribat & signet.*

Vasquius, Auteur Espagnol, en son œuure *De successionibus & vltimis voluntatibus.* §. 13. *requisito octauo, num.* 57. explique la distinction de Balde, & dit, que quand le Notaire n'a fait qu'écrire le testament, sous le testateur, & qu'il ne l'a pas signé, il ne peut pas estre compté pour témoin ; mais quand il a écrit, & que de plus il a signé auec les témoins, il est sans doute qu'il doit tenir lieu d'vn témoin, *& est, inquit, communis intellectus ad l. Domitius Labeo, quòd ad hoc quòd tabellio qui scripsit testamentum, possit adduci in testem, requiritur quòd subscribat & signet.*

Bernard Antomne, Aduocat celebre du Parlement de Bordeaux, aussi païs de Droit écrit, en son liure de la Conference du Droit Ciuil & François, écriuant sur la loy, *Coheredi. ff. de vulg. & pupill. substit. Vn testament solemnel, combien qu'il ne soit écrit, ni signé par le testateur, pourueu qu'à l'acte de reception d'iceluy, vn Notaire & sept témoins soient signez, est bon & valable; ainsi qu'il a esté jugé par Arrest de Bordeaux du 2. Decembre 1593.* Et aprés auoir dit, que la loy *hac consultissima*, semble contraire, non pas qu'elle soit contraire, il adjouste que Salicet dit sur la mesme loy, que *Notarius est loco octaui testis.*

Le Iurisconsulte moderne du Languedoc Maistre Antoine Espeisses, au 2. volume de ses œuures, partie 1. section 4. nombre 107. *Si le testateur ne peut écrire, ni signer le testament, il suffit qu'il soit signé par vn huitiéme témoin: ainsi, parce que le Notaire est compté pour vn témoin, le testament solemnel signé par vn Notaire & sept témoins, est valable sans écriture, ni seing du testateur.*

C'est la doctrine & la pratique du païs où feu Monsieur le Cardinal a testé, & la loy qu'il deuoit suiure, & qu'il a suiuie.

Enfin, le dernier Auteur qui a donné au public les choses jugées par le Parlement de Toulouse, personnage de grande qualité, puisqu'il auoit l'honneur d'estre President au mesme Parlement, au liure 5. chapitre 16. a rapporté deux Arrests, dont la connoissance publique deuoit auoir épargné la peine de faire tant de recherches pour appuyer vne proposition si contraire à l'vsage de toutes les Cours du Royaume, & particulierement du ressort du Parlement de Toulouse dans lequel ce testament a esté fait.

Le premier de ces Arrests fut rendu, au rapport de Monsieur de la Terrasse, le 21. Iuin 1624. Il s'agissoit du testament solemnel, clos & secret d'vn Geraud Martin, qui ne sçauoit ni lire, ni écrire; & ce testament auoit esté receu par vn Notaire, auec sept témoins seulement, pour sçauoir s'il faloit vn huitiéme témoin auec le Notaire, ou si le Notaire pouuoit tenir lieu du huitiéme témoin.

L'Auteur remarque fort bien, aprés plusieurs Iurisconsultes, la grande difference qu'il y a entre vn homme qui ne sçait ni lire, ni écrire, auquel le Notaire peut imposer ce qu'il luy plaist, en luy lisant vn nom pour vn autre; & celuy qui sçachant lire ne sçauroit estre trompé: tellement que dans ce cas il y auoit lieu de faire difficulté, que le ministere du Notaire pust dispenser d'auoir vn huitiéme témoin; neantmoins il fut jugé, que le testament de cét ignorant, ne sçachant ni lire, ni écrire, estoit valable, auec sept témoins & vn Notaire: Et l'Auteur adjouste, Que depuis il fut encore jugé en la seconde Chambre des Enquestes, au rapport de Monsieur le Noir, le 14. May 1632. Maurelles, & Dyssansons, parties, *Qu'au testament d'vn illiteré le Notaire seruoit de huitiéme témoin.* Et neantmoins Madame la Princesse veut faire juger qu'au testament de Monsieur son oncle il faloit vn huitiéme témoin, outre le Notaire. Il faut donc que cette nullité, sans fondement, passe auec les autres precedentes, comme chose inutilement écrite.

L'on ne répond point à l'objection faite sous cette cotte, Que le Notaire a signé hors la presence des témoins, parce que l'acte mesme y sert de réponse; en ce que le Notaire ayant dit, qu'il a concedé acte au testateur de l'exhibition & declaration de son testament, en presence des sept témoins qu'il a nommez & qualifiez, il adjouste ces mots, *soußignez, & moy Notaire, auec iceux témoins.*

Contre l'objection de domesticité de deux des témoins, allegué pour cinquiéme nullité.

ARTICLE QVATRIESME.

SOvs la cotte I, l'on fait plusieurs emplois de pieces, & de doctrines pour preuue d'vne cinquiéme pretenduë nullité, que l'on fait consister en ce qu'entre les sept témoins testamentaires, il s'en est trouué deux domestiques estans au seruice du testateur, qui sont, Monsieur de Perefixe, à present Archeuesque de Paris; & Monsieur Lescot son Confesseur, lors nommé à l'Euesché de Chartres.

L'on pretend que cette domesticité de témoins fut jugée estre vne nullité dans le testament de Monsieur l'Euesque de Dacqs, au profit de Messieurs Menardeau.

Que cette nullité est induite de ces termes de la Constitution de Theodose, & Valentinian, *Testes rogatos & ciues Romanos*, pour dire qu'vn domestique, au seruice d'autruy, n'est pas citoyen: de ceux de la loy, *Eos. C. de testibus, neque gratiæ, neque potentatui addicti:* de ceux de la loy sixiéme, *ff.* aussi *de testibus, non idoneus cui potest imperari vt fiat testis:* De la glose sur cette mesme loy, *Vel ratione patriæ, vel dominicæ potestatis:* de ces paroles dont a vsé Monsieur Cujas tant sur la mesme loy, *Eos*, que sur le chapitre, *Ex litteris: Domesticos testes idem esse atque familiares qui in eadem domo degunt, & quibus imperari potest:* des termes de la glose sur ce mesme chapitre, *Domestici quibus imperari potest ratione patriæ, vel dominicæ potestatis:* de ceux de la loy, *Ad testium, si tempore testamenti erat seruus, rejiciendus est, etiamsi postea liber.* A quoy l'on adjouste que Monsieur Bricquet plaida, qu'en ce point il y auoit nullité essencielle au testament. Le surplus n'est qu'vne refutation de l'Arrest de Bouesse Pardaillan, donné pour le testament de Magdelaine de Pons, fondée sur ce qu'il n'y eut qu'vne requeste incidamment presentée sur ce sujet, sur laquelle on mit hors de Cour: & sur ce qu'il y auoit deux transactions de 1627. & 1632. approbatiues du testament.

Il faut voir si cette cinquiéme pretenduë nullité aura de meilleurs garands que les quatre qui l'ont precedée.

L'Arrest de Messieurs Menardeau, desja allegué pour prejugé de la nullité des cachets contre ces termes, n'a rien jugé de ce poinct de domesticité des témoins : C'est chose de faict, on le fera voir en le produisant. Et pour cette parole de Monsieur Briquet, plaidant pour Monsieur le Procureur General du Roy en la cause de 1644. pour considerable, ou non considerable qu'elle soit en la decision de ce poinct, elle est formellement deniée, & le public a esté témoin qu'il conclut à mettre hors de Cour, sur les demandes de Madame la Princesse.

Il ne reste donc qu'à examiner les doctrines, & en faire l'application aux qualitez des deux illustres personnes que l'on veut faire passer pour témoins illegitimes.

L'on s'estonne comment l'on a recherché des autoritez qui ne regardent point la matiere des testamens, & comment l'on n'a point parlé du texte vnique fait exprés pour la domesticité des témoins testamentaires, qui est le §. *Pater*, aux Institutes *de testamentis*, que Iustinian termine par ces mots, *Reprobatum est enim in ea re domesticum testimonium.*

C'estoit tout ce que l'on pouuoit dire sur vn poinct où il n'y a rien à dire de solide : car ce texte est fait pour les témoins domestiques dans les testamens; & s'il ne fait rien pour la proposition, comme c'est en demeurer d'accord, que de ne s'en seruir point, & comme il est fort facile de le monstrer, il faut qu'elle soit destituée de tout fondement de droit: car tout ce que l'on rapporte est estranger de la matiere, & n'est fait que pour l'appuy de l'innocence dans les choses criminelles, pour ne pas commettre la vie des innocens accusez, à la foy des domestiques de l'accusateur.

Ce qui a fait la mauuaise application de ces doctrines, est le defaut de distinction de trois sortes de témoins ; il y en a de judiciaires, & ceux-là se distinguent par les deux differentes matieres qui partagent les jugemens, qui sont la criminelle & la ciuile : Il y a des témoins instrumentaires, & ce sont ceux qui sont pris par les parties qui contractent quand il n'y a qu'vn Notaire : & enfin il y a les témoins testamentaires.

Tout ce que l'on sçauroit dire & rapporter concernant les deux premieres sortes de témoins judiciaires & instrumentaires, doit passer pour inutile : parce qu'en la matiere criminelle, il s'agit ou de l'oppression de l'innocence, ou de l'impunité du crime ; que les témoins instrumentaires sont pris & conuenus par les parties qui contractent, qui par consequent n'ont rien à dire contre leur propre fait.

Tout ce qui parle generalement des témoins, sans application à la matiere des testamens, doit estre encore rejetté, comme la loy *Eos. C. de testibus.* qui ne parle que generalement des bonnes qualitez que doiuent auoir les témoins pour que l'on puisse donner creance à leurs témoignages : Et la loy 6. *ff.* aussi *de testibus*, qui dit generalement & sans application à aucune matiere, que ceux-là ne sont pas bons pour témoins, à qui l'on peut commander de l'estre, ne sont pas des autoritez considerables dans la matiere particuliere des testamens ; la raison est, qu'il y a des regles faites pour les témoins testamentaires, & ce sont ces regles particulieres qu'il faut considerer, & dans lesquelles la decision de ce poinct doit estre renfermée.

La loy, *hac consultissima*, que l'on rapporte, est le grand texte des testamens ; mais tant s'en faut qu'en ces paroles, *Rogatis testibus septem ciuibus Romanis*, elle establisse la consequence, que le domestique, comme n'estant pas citoyen, ne puisse estre témoin, qu'au contraire elle la destruit ; parce qu'en termes de Droit, tout homme libre est citoyen & participe au droit de cité. Il n'y a que le serf, qui n'estant pas libre, n'est pas reputé citoyen, parce qu'il n'a pas l'vsage des droits & actions ciuiles, ne peut rien acquerir pour soy, est incapable de contracter & de faire testament: Aussi la glose expliquant ce mot, *Ciuibus Romanis*, dit; *id est liberis hominibus*, pour n'exclure que ceux qui ont perdu la liberté par vn legitime esclauage.

Aussi Iustinian, au §. *Testes. de testam.* aux Institutes, a donné pour regle du témoignage dans les testamens; que toutes personnes qui sont capables de tester pour euxmesmes, le sont aussi pour estre témoins dans les testamens des autres, fors ceux qu'il a ensuite expressément exceptez; & c'est ce qui sera incontinent examiné.

Et quand la glose, sur la loy 6. *de testibus*, & ce mot, *quibus imperari potest*, a dit, *vel ratione patriæ, vel dominicæ potestatis*, elle a prononcé fort nettement contre l'alleguant: car en termes de Droit Ciuil, il n'y a point d'autre puissance dominicale que celle des Maistres sur les esclaues: & s'il faut retourner aux principes, le titre, *De his qui sui, vel alieni juris sunt*, ne fait que deux estats de personnes en puissance, celuy des enfans de famille, & celuy des esclaues; parce que ni les vns, ni les autres ne sçauroient ni rien acquerir pour eux, ni faire de testament: le Droit ne reconnoist point d'autre puissance. Le domestique volontaire qui n'est attaché au seruice d'vn Maistre que par sa volonté, & qui a la mesme liberté de le quitter, que le Maistre de le congedier, *est liber & sui juris*; & ne tombe point sous la puissance dominicale, de laquelle seule la glose ayant expliqué ce mot, *Quibus imperari potest, id est ratione patriæ vel dominicæ potestatis*, elle a laissé tous ceux qui ne sont sujets à l'vne ni à l'autre puissance dans la liberté d'estre témoins.

Et pour continuer de faire voir que les doctrines rapportées pour establir la proposition contraire, la destruisent, ces termes de la loy, *Ad testium qui testam.* dont on se sert: *Si tempore testamenti erat seruus, rejiciendus est, etiamsi postea*

postea liber, ne justifient-ils pas bien nettement, que la loy n'a voulu exclure que les serfs du témoignage dans les testamens? & d'appliquer ce mot, *seruus*, qui veut dire serf & esclaue (au langage des Romains) aux personnes libres, qui sont domestiques dans les maisons; c'est faire injure à la liberté, & tomber sous la censure peut-estre plus libre & moins discrete de quiconque verra que l'on fait application de la condition des esclaues Romains, aux personnes de Monsieur l'Abbé de Beaumont, lors Maistre de chambre du testateur; & de Monsieur Lescot son Confesseur, pour dire que deux personnages qui se sont trouuez capables par le choix du Roy, l'vn de remplir le Siege Episcopal de Chartres, & l'autre celuy de l'Archeuesché de Paris, ne l'ont pas esté d'estre témoins dans le testament de feu Monsieur le Cardinal de Richelieu.

Enfin, l'on met en auant le témoignage de Monsieur Cujas, sur la loy, *Ad testium*, où parlant aux termes des mœurs Romaines, il dit, expliquant le mot de domestiques, Que ce sont ceux qui demeurent en mesme maison, & à qui l'on peut commander.

Que ne se donnoit-on la peine de continuer de lire, ou si on a tout leû, que ne rapportoit-on fidelement tout ce qu'a dit cét Auteur? *Cùm paterfamilias ad alienum testamentum testis adhibetur, possunt & liberi qui in ejus familia sunt simul adhiberi: sed si paterfamilias testatur, liberi quos in potestate habet testes esse non possunt: vel si filiusfamilias testatur jure communi de castrensi peculio, pater & fratres qui in ejusdem patris potestate sunt, testes esse non possunt: reprobatum enim domesticum testimonium. Quod in hac re Theophilus putat æstimandum esse ex eodem vinculo patriæ potestatis; Alii igitur domestici adhiberi possunt, cùm tamen plurimùm in aliis causis nulli domestici admittantur.*

Il est d'auis que hors les peres, & les enfans en puissance, & les enfans entre eux, tous les autres domestiques peuuent estre témoins dans les testamens: tellement qu'encore en ce poinct, aussi bien qu'en tous les autres qui ont cy-deuant esté traitez, les propositions que l'on soûtient pour Madame la Princesse, se destruisent par les autoritez dont on se sert pour les appuyer.

Ces termes de Monsieur Cujas ont fait l'ouuerture de l'explication des deux §. des Institutes, *Testes*, & *Pater*, qui est le lieu de la matiere de la capacité des témoins dans les testamens, seul à examiner pour la decision de la question de droit que l'on veut faire naistre sur ce poinct.

Iustinian y a donné pour regle generale, Que tous ceux qui sont capables de faire testament, peuuent estre témoins dans les testamens des autres: *Testes autem adhiberi possunt ii cum quibus testamenti factio est.*

Il a ensuite excepté de cette regle les femmes, les impuberes, les serfs ou esclaues, les insensez, les muets, les sourds, les interdits, & generalement tous ceux que les loix rendent incapables de faire testament: *Sed neque mulier, neque impubes, neque seruus, neque furiosus, neque mutus, neque surdus, neque is cui bonis interdictum est, neque ii quos leges jubent improbos intestabilésque, possunt in numero testium adhiberi.*

L'on ne trouue point dans cette exception les personnes libres, qui sont dans le seruice des maisons, que l'on appelle *famuli*; ni mesme generalement, que le mot de domestique y soit employé; mais la restriction aux seuls esclaues fait assez connoistre que Iustinian a voulu laisser toutes autres personnes de seruice libres dans la capacité commune d'assister aux testamens des autres, aussi bien que de tester pour elles-mesmes.

Le texte s'est arresté ensuite à vuider la question du témoin qui auoit esté estimé libre, quoy qu'il fust en effet esclaue, & l'a decidée en faueur du testament.

Et de là il passe à vn autre cas, qui est celuy de sçauoir, si les enfans en puissance pouuoient estre témoins aux testamens de leurs peres, s'ils pouuoient l'estre aux testamens qu'ils faisoient entre eux de leur pecule castrense: car au surplus, l'on sçait que de droit les enfans de famille en puissance sont intestables comme les serfs ; & sa decision est, Que l'enfant de famille, en puissance du testateur, ne peut estre témoin dans son testament.

Que rien n'empesche que le pere de famille, & ses enfans en puissance, ne soient ensemble témoins au testament d'vn estranger de la famille.

Et qu'enfin, ni le pere de famille, ni ses enfans qu'il a en puissance, ne le peuuent estre dans le testament d'vn autre enfant de famille qui est sous la mesme puissance.

Et le texte adjouste ensuite ces paroles pour raison des decisions precedentes : *Reprobatum est enim in ea re domesticum testimonium.*

C'est de l'explication de ce mot que dépend la resolution de ce doute nouueau, qui n'auroit pas esté formé si la matiere auoit esté approfondie.

Premierement, le sujet dans lequel Iustinian a parlé de ce témoignage domestique, suffiroit pour expliquer sa pensée ; il auoit parlé auparauant de ceux qui sont du seruice de la maison, & restraint l'incapacité aux seuls esclaues ; il ne parloit plus que des peres, & des enfans en puissance, qui est ce qui compose la maison entant que lignage, parenté & consanguinité ; tellement que quand, aprés auoir reglé la capacité ou incapacité de ces sortes de personnes, il a dit, *Reprobatum est enim in ea re domesticum testimonium*, il est plus qu'euident qu'il a parlé de domestique, comme il parloit de maison, eû égard à la consanguinité, & au lien de la puissance paternelle.

Monsieur Cujas l'a expliqué de cette sorte, *De vinculo patriæ potestatis* ; & adjousté, que ce mot *domesticum*, ne se peut entendre que des peres, & enfans de la maison du sang ; nullement des autres domestiques de seruice, lesquels il a dit formellement estre capables de ces témoignages, *Alii igitur domestici adhiberi possunt.*

Ce n'est pas en ce seul endroit que cét Auteur pris pour juge pour Madame la Princesse, s'est expliqué de cette interpretation : c'est encore sur la loy, *Ad testium;* & voicy ses termes : *His verbis domestici testes in hoc proposito sunt qui per potestatem testatori, vel heredi conjuncti sunt : nam nihil vetat adhiberi eos qui non sunt eo modo conjuncti, licèt in domo habitent testatoris, vel heredis, vt Theophilus rectè.* & ce qu'il a dit depuis *in Paulum, lib. 9. ad edictum : Domestica persona æstimatur non ex cognatione vel contubernio, sed ex vinculo potestatis.* Le mesme Theophile, excellent paraphraste des Institutes de Iustinian, sur le mesme titre *de testamentis : Porro, inquit, domesticum testimonium non ex cognatione intelligimus ;* c'est à dire du lien de parenté qui vient par les femmes : *sed ex coadunatione quæ per patriam potestatem contingit.*

Plusieurs autres Auteurs, comme le Pape Innocent, sur les decretales; Godefroy, en son liure, *de Praxi juris ciuilis:* Farinacius, en son traité, *de testibus*, ont tous esté d'auis, que les domestiques libres peuuent estre témoins dans les testamens.

Mais quand il s'agiroit de crime, de l'honneur, ou de l'infamie, de la vie, ou de la mort; il n'est pas vray que le témoignage des personnes qui demeurent dans la maison ou de l'accusé ou de l'accusateur, soit tousjours rejettable. Voicy quelles sont les regles de jugement en cette matiere.

Il est vray que regulierement le témoin judiciaire est reprochable quand il est domestique.

Mais quand ces domestiques sont personnes honnestes de vie & mœurs, sans reproche ; & de plus, quand ils sont esleuez au dessus du commun par quelque dignité particuliere, toute la Iurisprudence est d'accord, que leur témoignage est receuable, suiuant la doctrine de Barthole, sur la loy, *Etiam. C. de testibus, num. 2.*

Surquoy Farinacius, Auteur singulier pour cette matiere des témoignages, a pris sujet de dire, Que si cela a lieu dans la matiere judiciaire, *multò magis procedere debet in testamentis*; c'est au liure 2. titre 6. question 55. nombre 85. de son traité, *de testibus*.

Et plus bas, au nombre 140. parlant des gens de seruice, il dit, Que la regle generale ne s'entend, sinon, *in famulis vilibus & ignobilium, prout sunt famuli scholarium, seu alterius priuatæ personæ: at secùs in famulis alicujus magni domini, putà Cardinalis, Principis, aut alterius illustrissimæ personæ: nam cùm reputentur personæ admodum honestæ & graues, ideo minimè repellendos esse.*

Cét Auteur n'a dit en cela que ce qu'ont dit auparauant luy, Balde sur le chapitre, *in litteris:* Felinus, sur le mesme chapitre: le Pape Innocent, Aufrerius, Mascardus, Loüis de Pont en son Conseil 400. & infinis autres.

Et enfin, pour monter au dernier ordre de cette gradation, les deux personnes que l'on a voulu faire passer pour seruiteurs domestiques, estoient premiers Officiers de la maison de feu Monsieur le Cardinal.

Messire Hardoüin de Perefix, à present Archeuesque de Paris, estoit son Maistre de chambre ou Camerier, qui est vne place, que les premieres dignitez, aprés Messieurs les Euesques, ne dédaignent pas de remplir dans les Palais des Cardinaux.

L'on sçait que ces eminentes dignitez de l'Eglise Catholique en vsent comme les Princes & les Souuerains, & qu'à l'imitation de la dignité supréme ils ont auprés d'eux presque les mesmes Officiers, & entre autres le Camerier ou *Præpositus sacri cubiculi,* dont il est traité au liure 12. du Code, titre 5. *Quibus pertinebat contingere sacram purpuram*, qui alloient du pair auec les Prefets du pretoire & de la ville, & le Maistre de la milice, selon l'ordre de leur promotion, & dont la fonction ne consistoit qu'à faire les honneurs de la chambre Imperiale, admettre aux audiances particulieres, & à auoir l'intendance sur les autres Officiers.

Cét illustre témoin, outre la noblesse de son extraction, estoit titulaire d'Abbayes; & enfin, tout l'attachement qu'il a eû auprés de feu Monsieur le Cardinal, estoit purement d'honneur, & de liaison de familles, sans aucun interest, ni condition d'appointement, ni de gages.

Monsieur Lescot, Euesque de Chartres, nommé lors de ce testament, n'auoit point de fonction auprés du deffunt, sinon qu'il estoit son Confesseur; sa dignité, son employ, & son merite répondent de sa capacité. Et en verité l'on a sujet de dire, que c'est faire tort à la sagesse des loix ciuiles, que de vouloir que ce qu'elle a dit dans la matiere criminelle, *De famulis vilibus ignobilium*, puisse estre appliqué à des personnages de cét ordre dans la matiere d'vn testament.

Enfin, l'on n'a sceû faire voir d'exemple, ni de prejugé de cassation de testament, en quelque lieu que ce soit, pour domesticité de témoins; l'Arrest donné au profit de Messieurs Menardeau, a esté leué du Greffe de la Cour, & sera produit; c'est vn conclu des Enquestes, où l'on ne voit rien que le dispositif de la Sentence, l'appointement de conclusion, griefs, & réponses: tellement qu'il faut d'autres pieces que cét Arrest pour faire voir ce qu'il a jugé, & sur quels moyens il a cassé le testament dont il s'agissoit.

Mais Monsieur le Duc de Richelieu rapporte vn Arrest donné sur instance le 23. Aoust 1635. pour le testament & le codicil de Dame Magdelaine de Pont, dont le sieur de Mirambeau, & la Dame de Thuré; Iacques, & Magdelaine de la Porte demandoient la cassation contre le sieur de Pardaillan, par requeste du 21. May 1635. fondez sur ce qu'aucuns des témoins estoient seruiteurs domestiques; sur laquelle requeste les parties furent renuoyées hors de Cour & de procés: & en consequence le legs vniuersel, contenu au mesme testament, fut adjugé audit sieur de Pardaillan.

Contre ce qui est allegué, pour sixiéme nullité, Que le Notaire n'a pas interpellé le testateur, & a dit de luy-mesme qu'il n'a pû signer.

ARTICLE CINQVIESME.

SOVS la cotte K, l'on pretend faire voir vne sixiéme nullité en ce testament, fondée sur ce que le Notaire Falconis n'a pas requis ou interpellé le testateur de signer, mais a rapporté de luy-mesme, qu'il auoit dit ne pouuoir signer.

Et pour preuue de cette imagination de nullité, l'on produit l'article 184. de l'Ordonnance faite aux Estats d'Orleans en l'an 1560. & l'article 165. de l'Ordonnance faite aux Estats de Blois en l'an 1580. Vn Arrest donné en la grande Chambre le 8. Mars 1638. en la cause du sieur de Noyelles : Vn autre Arrest du 8. Iuin 1643. par lequel on dit qu'vn retrayant lignager fut debouté de sa demande en retrait, parce que les témoins n'auoient ni signé, ni esté interpellez de signer : Vn autre Arrest d'appointé au Conseil du 9. Decembre 1643. en ce que l'on dit, que feu Monsieur Talon plaida, que le defaut d'interpellation emporte nullité.

Sous la cotte L, l'on a rapporté, pour fortifier la mesme pretenduë nullité, deux actes faits en la ville de Tartas les 21. & 23. Iuillet 1639. où le Notaire, aprés auoir declaré que la partie n'auoit point signé, a adjousté ces mots ; *Ayant esté de ce interpellé par luy.*

Sous la cotte M, l'on a produit vne liasse de Contracts passez en diuers lieux, pour preuue que c'est par tout que les Notaires vsent de ces interpellations.

C'est tout ce qui est rapporté pour preuue de cette sixiéme pretenduë nullité.

L'on demeurera persuadé qu'elle est de la nature des precedentes, quand on aura pris le sens de ces deux Ordonnances d'Orleans, & de Blois, la maniere d'vser du païs de Languedoc, & ce qui est écrit au corps & en la superscription du testament dont il s'agit.

ord de Dolbart

L'Ordonnance d'Orleans, art. 84. & celle de Blois, art. 165. dit ; *Qu'au cas que les parties, ou témoins ne sçauront signer, les Notaires feront mention de la requisition par eux faite aux parties & témoins de signer, & de leur réponse, qu'ils ne sçauent signer.*

L'vsage de la Viguerie & Vicomté de Narbonne est, Que lors que le testateur n'est point en estat de signer, à cause de quelque foiblesse ou indisposition corporelle, il suffit que le Notaire fasse mention, que le testateur n'a pû signer, à cause de l'indisposition de laquelle il s'est trouué atteint, sans qu'il soit besoin d'interpellation.

Cét vsage est justifié par le certificat & attestation du Iuge Viguier, en ladite Vicomté de Narbonne, du mois de Nouembre dernier, sur semblables attestations des plus anciens Aduocats, Procureurs, Notaires, & Praticiens de son Siege.

Et par vn autre certificat des Officiers du Siege Presidial de Carcassonne, où les appellations de Narbonne ressortissent.

Et pour joindre l'écrit à la parole, l'on rapporte les extraits de treize testamens receus par Notaires de ladite ville de Narbonne, où les testateurs n'ont pû signer ; par tous lesquels le Notaire a fait luy-mesme la declaration, que le testateur n'a pû signer, à cause de son indisposition, sans auoir vsé de requisition ni interpellation.

C'est ce que l'Ordonnance a voulu, & ce qui est communément pratiqué en la ville de Narbonne : Voicy ce qui a esté fait par le testament d'ont il s'agit.

La declaration de ne pouuoir signer, à cause des abscés suruenus sur le bras droit du testateur, est repetée en trois diuers endroits.

La premiere fois, au testament dicté par le testateur, où il parle en propre personne, non point le Notaire pour luy, commençant ; *Ie Armand Iean du Plessis de Richelieu, &c.*

&

& finissant par ces mots : *Et dautant qu'à cause de madite maladie, & des abscés suruenus sur mon bras droit, je ne puis écrire, ni signer ; j'ay fait écrire mon present testament, contenant seize feüillets, & la presente page, par ledit Falconis Notaire royal, aprés m'en estre fait faire lecture distinctement & intelligiblement.*

Ces termes font voir que c'est le testateur qui de luy-mesme a fait sa declaration de ne pouuoir signer, & a preuenu l'interpellation.

Quand l'Ordonnance a dit, que les Notaires feront mention de la requisition par eux faite, cela ne se peut entendre qu'en cas qu'il y ait lieu de requisition ; c'est à dire, que les parties ne fassent pas d'elles-mesmes leur declaration de ne pouuoir signer : car si elles preuiennent la requisition, le Notaire seroit impertinent de les interpeller de dire ce qu'ils luy ont declaré.

Explication de l'ord.

Il est beaucoup plus solemnel & plus authentique que ce soit le testateur mesme qui parle & qui explique luy-mesme sa volonté par tous les termes qu'il faut pour la manifester, sans estre preuenu, que s'il estoit enquis & interrogé ; parce que le oüy, ou le non faisant sa réponse en vne seule syllabe, il y auroit bien moins sujet d'y donner creance, qu'à vne enonciation estenduë & composée de plusieurs paroles.

C'est ce qui a fait le grand combat entre les Docteurs sur la loy, *Iubemus. C. de testam.* pour sçauoir si le testament fait par réponses aux interrogats du Notaire, estoit valable, ou nul ; parce que cette affirmatiue, ou negatiue si courte & si briéue ne manifeste pas la volonté comme les paroles qui l'expliquent dans toute son estenduë.

Le Notaire qui tenoit la plume & écriuoit sous le testateur, ne pouuoit pas faire qu'il ne luy dictât sa declaration de ne pouuoir signer à cause des abscés de son bras ; & aprés auoir écrit cette declaration, de quel sens auroit-il pû requerir le testateur de recommencer à declarer ce qu'il luy venoit de declarer & faire écrire.

Le second lieu où il est parlé de cette declaration, est en l'acte de superscription, où le Notaire a resumé la declaration du testateur en ces mots, *A dit & declaré, qu'il n'auoit pû écrire, ni signer à cause des abscés suruenus sur son bras droit.*

Le troisiéme est à la fin du mesme acte de superscription, en ces termes; *N'ayant pû signer le present acte à cause de sadite maladie.*

Tellement qu'à prendre droit par l'Ordonnance dans le sens qui resulte de ses termes, le Notaire ne pouuoit & ne deuoit faire autre chose que ce qu'il a fait : car elle ne demande qu'il fasse mention de requisition que quand le testateur luy a donné lieu de le requerir, mais non pas quand il a preuenu la requisition de son mouuement propre par vne declaration expresse, euidemment beaucoup plus authentique que le non qu'il auroit pû répondre à l'interrogat du Notaire.

Et de fait, quoy que la reformation de la Coustume de Paris ait esté faite depuis l'Ordonnance de Blois, ces mots y ont esté laissez au premier article des testamens : *Et qu'il soit signé par le testateur, ou par les témoins; ou que mention soit faite de la cause pour laquelle ils n'ont pû signer:* Termes qui font voir, qu'il suffit pour la perfection d'vn testament non signé, que mention soit faite de la cause, sans parler d'interpellation.

Il ne reste qu'à examiner les Arrests qui sont interuenus dans la matiere, & voir s'il y en a jamais eû qui ayent jugé, que le Notaire preuenu par la declaration du testateur, ait dû le requerir de declarer ce qu'il luy auoit desja declaré, & que la syllabe, non, prononcée sur son interrogat, ait plus de force pour exprimer la volonté, que plusieurs paroles estenduës par lesquelles elle est declarée; qui est en verité vne experience tres-inutile, puisque c'est chercher, si ce qui est manifestement contre le sens raisonnable & l'euidente justice, peut estre quelquefois forty de la bouche de l'Oracle mesme de la Iustice.

Et en effet, l'on n'a sceu trouuer d'Arrest qui en ait approché.

L'Arrest de Noyelles, du 8. Mars 1638. premier rapporté, a cassé vn testament contre lequel il y auoit inscription de faux, fait par vn testateur pretendu malade d'esprit qui ne l'auoit point signé, n'auoit point esté interpellé par le Notaire de declarer s'il pouuoit signer, & auquel enfin le Notaire n'auoit pas écrit la cause pour laquelle le testateur n'auoit point signé : d'ailleurs ce testament se trouuoit combatu par vn testament precedent, écrit & signé du testateur : qui sont toutes circonstances particulieres qui ne se trouuent point en celuy dont il s'agit.

Mais quand le seul defaut de signature & d'interpellation auroit fait casser ce testament, l'on voit qu'il n'y auoit point de declaration du testateur de ne pouuoir signer, point d'interpellation du Notaire, & nulle declaration de l'vn, ni de l'autre, de la cause pour laquelle le testateur n'auoit point signé.

Le testament dont il s'agit, est l'opposé formel de celuy-là en toutes ces trois circonstances : car le testateur a declaré, qu'il ne pouuoit écrire, ni signer : il en a declaré la cause par les abscés furuenus sur son bras droit, & le Notaire a écrit l'vne & l'autre declaration en trois endroits. Si le testateur de l'Arrest de Noyelles estoit malade d'esprit, l'on demeure d'accord que Monsieur le Cardinal de Richelieu auoit toute la force du sien dans les infirmitez de son corps ; & que ce *vir magnus qui supra omnes corporis infirmitates eminebat* de Seneque, ne peut estre mieux appliqué qu'à sa personne. Son testament n'est point accusé de faux, comme le testament de cét Arrest : & enfin il n'y a point icy de combat de volontez contraires, ni d'autre testament opposé à celuy dont il s'agit.

L'Arrest de la Chambre & saint Martin, du 8. Iuin 1643. rapporté pour second exemple, n'a pas plus de rapport que le precedent: Il s'agissoit d'vn exploit de Sergent, & d'vne demande pour auoir vn heritage vendu par droit de proximité de lignage; que peut auoir cela de commun auec le testament d'vn Cardinal de Richelieu? ce Sergent n'auoit point fait signer ses recors, & ne les auoit point requis de signer, ni declaré la cause pour laquelle ils n'auoient point signé; & par consequent, ni le titre de l'acte, ni celuy de l'action, ni la qualité des personnes qui n'ont point signé, ni celle de l'Officier qui a agy, ni les defauts dont son acte est accusé, n'ont rapport, ni conuenance quelconque au sujet de ce procés.

C'estoit vn exploit, c'est icy vn testament: c'estoit vne demande en retrait lignager, c'est icy vne demande de partage: c'estoit des recors qu'on n'auoit point fait signer, c'est icy feu Monsieur le Cardinal de Richelieu qui n'a point signé: c'estoit vn Sergent, c'est vn Notaire: & enfin, tout ce que l'on a manqué de faire dans cét exploit; a esté fait dans ce testament.

Le troisiéme & dernier Arrest, dont on se sert pour fondement de cette sixiéme pretenduë nullité, est vn Arrest du 9. Decembre 1643. qui n'a rien jugé, & n'a fait autre chose qu'appointer les parties au Conseil.

L'on ne se sert pas aussi de cét Arrest, comme Arrest, mais comme faisant mention de ce que dit en plaidant feu Monsieur l'Aduocat General Talon, Que le defaut de declaration, ou interpellation emporte nullité.

Il ne faloit point d'autorité pour establir qu'vn testament est nul, quand le testateur ne l'a point signé, qu'il n'a point declaré ne pouuoir signer, ni pour quelle cause, & que le Notaire ne l'a point interpellé de faire sa declaration.

Mais il faloit voir comment cette maxime se pouuoit appliquer à vn testament où le testateur a luy-mesme declaré ne pouuoir signer, & la cause pour laquelle il ne pouuoit signer, & où le Notaire l'a écrit en trois endroits.

Les deux actes de Tartas, où l'on pretend que le Notaire a declaré que la partie n'a point signé pour ne sçauoir écrire, de ce interpellée par luy, reçoiuent leur réponse en ce peu de mots.

Que l'on ne deuoit point aller chercher à Tartas des preuues de ce qui se fait à Narbonne, s'il y auoit des actes chez les Notaires de Narbonne ; mais c'est vne marque qu'il n'y en a point esté trouué, puisque l'on a esté contraint d'en sortir pour en aller chercher ailleurs.

Que deux actes seuls, en matiere d'vsage, ne seroient pas suffisans.

Et qu'enfin dans ces deux pieces, les parties s'estoient fait interpeller : mais icy, le testateur ne s'est point fait interpeller ; il a dicté au Notaire sa declaration de ne pouuoir signer, & la cause de son impuissance de signer ; & le Notaire l'a écrite & repetée en deux autres endroits.

Et enfin, cette liasse d'actes de diuers païs, que l'on rapporte, & tous ces actes en particulier, sont des productions inutiles pour deux raisons.

La premiere, Qu'il n'y en a aucun qui ait esté fait ni à Narbonne, ni en Languedoc, & que s'agissant d'vn testament de Languedoc, il faut s'attacher aux formes qui s'y obseruent : car en maxime de Iustice, pourueu qu'vn testament soit accomply de toutes les formes qui se gardent au païs où il est fait, il est valable en quelque païs que ce soit ; mesme en ceux où les formes seroient contraires.

La seconde, Que lisant chacun de ces actes, l'on verra que les parties n'ont point fait de declaration, si elles pouuoient, ou ne pouuoient pas signer, & que le Notaire a esté obligé de les interpeller ; mais il n'y en a aucun, & il ne s'en trouuera en aucun lieu où l'on voye que la partie ait preuenu le Notaire, & luy ait fait declaration de son impuissance de signer, & de la cause de cette impuissance ; & que le Notaire, non satisfait de cette declaration, l'ait encore interpellée de declarer de nouueau sur son interpellation ce qu'elle venoit de declarer sans interpellation.

La proposition contraire de Monsieur le Duc de Richelieu, que le testament est indispensablement valable, où le testateur preuenant l'interpellation du Notaire, a declaré son impuissance de signer, auec sa cause; & mesme celuy où le Notaire a fait la declaration, sans auoir parlé de requisition, a son fondement, non seulement en la Coustume de Paris qui ne demande que la mention de la cause d'impuissance de signer, sans desirer qu'elle soit precedée d'interpellation : mais de plus en la multitude des Arrests rendus sur cette matiere, comme l'Arrest donné sur la confirmation du testament de la Dame de Saint Iulien, en la Chambre de l'Edict, plaidans Maistre Iacques Hilaire, & Leonard Lhoste : Vn autre confirmatif du testament du Doyen de Soissons, sur procés par écrit, en la quatriéme des Enquestes, au rapport de feu Monsieur le Doux, du 14. Auril 1644. Vn autre confirmatif d'vn testament fait à Chartres, plaidans Noblet, & Lhermite : Vn autre encore du 18. May 1652. en l'Audience de la grande Chambre : & vn autre encore du 17. May 1608. rapporté par Tronçon sur l'article 289. de la Coustume de Paris, pour vn testament qui ne portoit autre chose que ces mots : *Le testateur ayant dit qu'à cause de son indisposition il ne pouuoit signer.*

Contre ce qui est allegué, pour septiéme & derniere nullité, Que ce testament ne porte point d'institution d'heritier vniuersel.

ARTICLE SIXIESME.

SOvs la cotte N, l'on employe encore le testament dont il s'agit, pour dire, non pas positiuement, qu'il porte vne septiéme nullité ; mais que l'on peut objecter qu'il y a vne septiéme nullité.

Quand celuy-là mesme qui a parlé si affirmatiuement

de ſix nullitez qui n'ont ni raiſon, ni fondement, parle incertainement & dubitablement d'vne ſeptiéme, l'on peut juger ce que ce peut eſtre.

L'on dit que ce teſtament ne contient que des inſtitutions d'heritiers particuliers, & nulle inſtitution d'heritier vniuerſel; & neantmoins qu'il eſt de l'eſſence de tout teſtament de droit écrit, qu'il y ait inſtitution d'heritier vniuerſel.

Et pouſſant la choſe encore plus auant, Que l'on n'auroit pas raiſon de dire, que les heritiers particuliers doiuent eſtre reputez vniuerſels, parce que les legs d'inſtitutions particulieres ont épuiſé tous les biens; ni que l'inſtitution particuliere de choſe certaine doiue s'eſtendre à tout le corps hereditaire, parce que cette extenſion ne ſe peut faire qu'au ſeul cas que cét inſtitué particulier n'ait point de coheritier; mais qu'il en va tout autrement, quand les legs particuliers ont conſumé tous les biens, parce qu'en ce cas l'on peut dire qu'il y a pluſieurs legataires, & qu'aucun n'eſt heritier, ne reſtant plus de biens à quoy les inſtitutions particulieres ſe puiſſent eſtendre, puiſqu'elles les ont tous épuiſez.

L'on a eû quelque raiſon de parler incertainement de ce que l'on alloit dire pour appuyer cette ſeptiéme pretenduë nullité, c'eſt que l'on preuoyoit desja le contredit ſans replique qu'elle deuoit receuoir.

Il eſt purement de Droit, mais il faut auparauant s'aſſeurer des termes du teſtament és articles qui regardent les legs faits à titre d'inſtitution.

L'on trouue deux differences deciſiues entre la diſpoſition faite en faueur de Monſieur le Duc de Richelieu, & les diſpoſitions d'inſtitution faites en faueur des autres preſomptifs coheritiers.

Quand le teſtateur a diſpoſé en faueur du ſieur Marquis de Brezé ſon neueu, il luy a ſimplement legué les choſes particulieres qu'il a ſpecifiées, article par article, à titre d'institution; & non seulement il n'a point adjousté de general au particulier: mais pour l'exclure de tout benefice d'accroissement, il a adjousté cette clause restrictiue; *Pour tous les droits qu'il pourroit pretendre en toutes les terres, & autres biens qui se trouueront en ma succession lors de mon deceds, & ainsi des autres.*

Mais quand il a disposé au profit de Monsieur le Duc de Richelieu, il a fait tout le contraire: car non seulement il n'a point adjousté à son institution la clause restrictiue, *Pour tous droits*, &c. mais il a adjousté à sa premiere disposition ces mots: *Item, je luy donne & legue, outre ce que dessus, tous mes autres biens tant meubles qu'immeubles, droits sur le Roy, ou de ses domaines que je posséderay par engagement, & generalement tous les biens que j'auray lors de mon deceds, de quelque nature & qualité qu'ils puissent estre, dont je n'auray disposé par le present testament.*

De ces deux differences naissent deux raisons fondées sur deux maximes de Droit, qui aneantissent l'objection.

La premiere, Qu'entre plusieurs instituez, les vns auec la clause restrictiue, *pour tous droits*, & l'autre sans cette clause: le dernier qui est institué sans restriction, quoy qu'en chose particuliere, jouït seul du benefice de l'accroissement, & par ce benefice est censé heritier vniuersel: c'est la decision de la loy, *Si quis priore. ff. ad Senatusconsultum Trebell.* & la doctrine de Barthole fondée sur la mesme loy; & cette doctrine est suiuie de tous les Docteurs, en theorie & en pratique.

Iulius Clarus, sur le mot, *testamentum*, question 74. traite ce cas de plusieurs instituez particuliers, les vns auec la clause restrictiue, *pour tous droits*, & vn autre sans cette clause, quoy qu'en chose particuliere; & dit, Qu'il est net que par cette clause restrictiue le testateur a deffendu & prohibé l'accroissement aux premiers instituez, & que ce benefice a esté laissé au dernier seul qu'il a institué en chose certaine, sans auoir dit, *pour tous droits*, *Ius accrescendi*

scendi fuit prohibitum respectu aliorum institutorum in rebus singularibus, prohibendo ne quid vltrà petere possint : at non prohibitum vltimo instituto : ergo si nihil dixisset amplius, omnia alia bona accrescerent, sed ipsemet fecit accretionem.

Et le Senateur de Turin Bellonius, qui a écrit de nos jours, parlant dans les mesmes maximes, confirme la mesme decision ; *Si vnum instituerit heredem particularem simpliciter, alterum verò cum taxatiua, vel cum clausula, & quòd plus petere non possit, aut alia simili, per quam censeri possit jus accrescendi prohibuisse : nam tunc is solus heres vniuersalis efficietur qui simpliciter institutus est, non alius.*

La seconde maxime est, que quand le testateur adjouste à l'institution particuliere, la disposition vniuerselle, comme le deffunt a fait à l'égard de Monsieur le Duc de Richelieu, puisqu'aprés auoir dit, qu'il luy donnoit & leguoit à titre d'institution les choses specifiées, il a ensuite adjousté : *Item, je luy donne & legue generalement tous mes autres biens, dont je n'ay point disposé par le present testament.* En ce cas le testateur est censé auoir luy-mesme fait l'accroissement ; *Ipse fecit accretionem*, dit le mesme Barthole.

La glose sur la loy, *Verbis ciuilibus* : sur la loy, *Quoties* ; & sur la loy finale, *C. famil. ercisc.* decide, que le mot, *je legue* ; quand le legs est fait generalement de tous les biens, induit institution d'heritier quand il n'y a point d'autre heritier vniuersel institué.

Ces doctrines sont du concours vniuersel de tous les Docteurs : Iason en son Conseil 8. tome 3. Michaël Grassus : Alexandre, en son Conseil 177. nombre 10. tome 2. & infinis autres.

Et enfin, l'on voit en la disposition du testateur, que la disposition vniuerselle est liée auec la particuliere, non seulement par la consecution, comme estans en suite l'vne de l'autre ; mais par les termes continuatif, & repetitif ; le continuatif par ce mot, *Item*, qui commence la disposition ; laquelle diction tous les Docteurs reputent continuatiue d'vn mesme discours, ou oraison : le repetitif par ces mesmes mots, *Ie donne & legue*, qu'il auoit employez au commencement de la disposition des choses particulieres, & encore par ces mots; *Outre ce que dessus, tous mes autres biens, dont je n'auray disposé par le present testament*; toutes lesquelles circonstances marquent que le deffunt n'a point entendu donner & leguer à differens titres : & de fait, il a ensuite rassemblé & recueilly tout ce qu'il a legué à Monsieur le Duc de Richelieu, sans distinction, & en a fait vne seule masse qu'il a chargée des substitutions graduelles & successiues qui se voyent à la suite du mesme testament.

L'on peut donc conclure, sous la garantie des droits positifs des doctrines incontestables, & de ces raisons viues & claires, qui font les loix; que quand Madame la Princesse seroit receuable à contester le testament, elle y seroit aussi mal fondée qu'en sa pretention de faire casser son Contract de mariage, pour auoir plus de bien qu'il ne luy en a esté donné par vn oncle qui ne luy deuoit rien, & qui auoit la plus grande partie de ses biens en libre disposition.

Réponse au surplus des moyens jettez confusément à la fin de l'inuentaire.

L'ON pourroit se dispenser de répondre à ce que l'on a dit, comme pour epilogue de tout le discours precedent; que les defauts de ce testament, n'ont point procedé d'ignorance des loix, mais de mépris des loix, pour opposer à leur empire vne volonté contraire; & que le deffunt a témoigné ce mépris en declarant qu'il veut que sa disposition vaille par droit de testament, codicil, donation à cause de mort, & par toute telle autre forme que de droit pourra mieux valoir, nonobstant toutes obseruations de droit écrit, ausquelles le lieu où il se trouueroit pourroit l'astraindre.

Le testateur a-t-il fait quelque chose contre les loix, quand il n'a rien laissé à Madame la Princesse, aprés luy auoir donné sa part de son viuant, à la charge de ne plus rien pretendre en ses biens, ni en sa succession aprés sa mort, ni autrement? A-t-il fait quelque chose contre les loix, quand il a disposé de ses biens entre ceux de son sang, selon qu'elles le permettent, par des dispositions qu'elles approuuent? & pouuoit-on plus mal prendre son temps pour fulminer contre vne clause qui se trouue écrite dans les testamens des deux Saints Prelats, *Saint Remi, & Saint Gregoire.*

Enfin, sous la cotte O, l'on employe encore le mesme testament, pour dire en general, qu'il ne contient rien de fauorable, ni de juste.

Il a voulu, dit-on, que tout son or, & son argent, en quelque lieu qu'il peust estre, fust mis entre les mains de Madame d'Eguillon; que trouuer en cela ni d'injuste, ni d'odieux? il laissoit cette Dame administratrice de son successeur vniuersel; ce depost n'estoit-il pas de son administration? & quand il dit, *en quelque lieu que cét or, & argent peust estre*, parle-t-il comme vn homme qui croyoit mourir le mesme jour? Est-il malade, (particulierement de ces maladies topiques) qui ne croye guerir, & continuer de viure? Pouuoit-il sçauoir le lieu où il auroit de l'argent, au jour de sa mort qu'il ne sçauoit pas.

Il en excepte quinze cens mille liures, qu'il veut estre baillez au Roy; il s'est trouué dix-sept cens mille liures: Quel argument est-ce que celuy de dire, qu'il faut qu'il en ait laissé trois fois autant?

Il legua au Roy, entre autres choses, huit tentures de tapisserie, & trois lits, pour seruir aux appartemens du Palais Cardinal, & prie Madame la Duchesse d'Eguillon de les choisir entre ses meubles; & l'on dit là-dessus, que ce choix fait injure au Roy: Est-ce là la cause de Madame la Princesse? sa Majesté n'a-t-elle pas eû le legs agreable?

Qui deuoit le deliurer que l'Administratrice de l'heritier? & ce mot de *choisir*, peut-il estre entendu autrement, que de prendre les especes de choix & d'élite dignes d'estre presentées à sa Majesté.

Il a destiné le reste de ce fonds qui se trouueroit lors de sa mort, aprés ses debtes payées, en des ouurages publics & de pieté; & l'on induit de là, qu'il faut qu'il ait laissé de grands tresors, ou que c'estoit vn trompeur.

Que ne faisoit-on justice à la memoire d'vn si grand homme? ne voyoit-on pas bien qu'il ne parle pas de ce qu'il a d'argent, mais de ce qu'il en aura au jour de sa mort, & qu'il sçauoit si peu l'vn & l'autre, qu'il met en doute en vn autre endroit s'il suruiuroit ou precederoit Madame la Duchesse d'Eguillon. Il auoit de grands reuenus & de grands desseins: il esperoit de payer ses debtes, & amasser de l'argent, mais la mort l'a preuenu; c'est le sens naturel qui resulte de ses paroles.

L'on veut qu'il ait laissé à Monsieur le Duc de Richelieu plus de deux cens mille liures de rente, & quinze cens mille liures en argent, ou meubles: l'on verra dans vne autre discussion, en traitant des Lettres obtenuës par Madame la Princesse contre la transaction de 1643. à quoy se reduit cette opulence que l'on fait monter si haut.

Il a dit qu'il ne laissoit rien à Madame la Princesse, & l'on dit que c'est luy faire injure: est-ce vne injure que d'executer vne conuention, & vne conuention la plus solemnelle & la plus sainte qu'il y ait entre les hommes; vn Contract de mariage passé dans le Louure en la presence du Roy? auoit-il pas stipulé d'elle qu'il ne luy laisseroit rien? est-ce pas pour cela qu'il luy auoit baillé deux cens mille écus? Il n'a donc rien dit de nouueau par son testament, il n'a fait qu'executer ce qui auoit esté dit par ce Contract.

Celuy qui a fait le Prince son heritier, luy fait-il injure en reuoquant sa disposition?

Enfin, on l'accuse de ce qu'au milieu de tant de grands biens de fortune, il n'a pas fait vn seul legs de pieté.

Ce discours ne doit point estre imputé à Madame la Princesse, elle a trop de veneration pour la memoire du deffunt pour en souffrir seulement la pensée; mais deuoit-on pas auparauant que de l'écrire voir cette fondation de Peres de la Mission, ces soixante mille liures leguez, & cette destination de ce qui resteroit de ses deniers comptans, aprés ses debtes payées, en œuures de pieté vtiles au public, par l'aduis, & selon les ordres qu'il auoit donnez à ladite Dame Duchesse d'Eguillon, au sieur des Noyers, & au sieur Lescot, nommé à l'Euesché de Chartres, son Confesseur; ces recompenses à tous ses domestiques; ces trente mille liures leguez au sieur de la Broye, parce (dit-il) qu'il auoit sceu qu'il estoit en necessité.

De la clause codicillaire.

CE testament n'a pas besoin du secours de la clause codicillaire expresse, que le testateur y a apposée pour plus grande seureté, puisqu'il subsiste de luy-mesme en qualité de testament solemnel accomply de toutes ses formes.

C'est vn moyen surabondant, & vne deffense de reste, qui asseureroit encore la disposition, quand les defauts dont on l'accuse seroient du mesme poids qu'on leur a voulu donner, parce qu'ils ne regardent tous que la solemnité, & qu'il est de maxime indisputable, que la clause codicillaire supplée à tous les defauts de cette nature, pourueu qu'il reste cinq témoins.

C'est la decision de la loy *Codicillis. §. fin. de leg. 2.* & de la Constitution de Theodose le Ieune, tirée du Code Theodosien, sous le titre des testamens, & transferée par Iustinian dans son nouueau Code, sous le titre *de Codicillis. l. vltima*, conforme à plusieurs autres textes formels, suiuis de la pratique vniuerselle de toutes les Cours de l'Europe.

Si c'estoit vn testament fait en ligne directe, & que les biens se trouuassent scituez en païs de Droit écrit, la clause codicillaire osteroit la quatriéme partie des biens au successeur vniuersel.

Mais c'est vn testament collateral, & tous les biens se trouuent assis en païs coustumier, où la Trebellianne n'est point connuë; & par consequent la clause codicillaire feroit valoir la disposition dans toute son estenduë, sans aucune distraction de quarte, tout ainsi que le testament.

L'on a glissé en passant, & en deux paroles, que cette clause codicillaire n'estoit couchée qu'en l'acte separé du testament; mais peut-on appeller l'acte de superscription, vn acte separé du testament? faut-il retourner à l'alphabet pour dire que le testament solemnel est composé de deux parties, ou deux écritures? *Pars aut scriptura interior, pars aut scriptura exterior:* Comme on peut voir chez Monsieur Cujas, sur le titre du Code, *qui testam.* & que ces deux parties sont integrantes de l'acte: tellement que ce qui est écrit en la partie exterieure, est aussi bien écrit dans le testament, que ce qui est écrit dans l'interieure, puisque l'vne & l'autre est le testament: & tant s'en faut qu'vne clause telle qu'elle soit, par exemple, la clause derogatoire, ne puisse pas estre couchée dans cette partie exterieure du mesme testament, qu'elle le pourroit estre mesme dans vn codicil, qui est vn acte tout separé du testament, par cette raison, que le codicil est *testamenti sequela:* ce qui passe comme sans difficulté au Parlement de Toulouse, ainsi que l'a rapporté le President de Cambolas, liure 6. chapitre 35. De mesme, si par les loix ciuiles, 2. *ff. de jure codicillorum*, & 1. *C. de codicillis*, ce qui est écrit dans le codicil, est reputé écrit dans le testament, quoy qu'il en soit separé: Pourroit-on dire, & estre écouté, que ce qui est écrit dans le testament mesme, soit dans vn acte separé du testament?

Ce qui est écrit sur le reply, est la suite de ce qui a esté écrit sous les cachets ; c'est la continuité du mesme acte, dont vne partie n'a esté cachée que pour le secret de sa teneur, que le testateur n'a pas voulu faire connoistre; mais il luy a esté libre de faire ce qu'il a voulu dans la partie exterieure, telle declaration, tels legs, & telles autres dispositions qu'il luy auroit pleû : Et pour la clause codicillaire, il est plus ordinaire de la mettre dans la derniere partie, que dans la premiere; parce qu'elle regarde le compliment & la fin du testament : Elle se trouue ainsi couchée dans le testament de saint Remy, & dans les formules des testamens solemnels, rapportées par les Auteurs anciens.

Les Docteurs tiennent pour maxime, que la clause codicillaire inserée au testament, a plus de force pour se soûtenir, que le codicil fait par acte particulier & separé ; & neantmoins ils sont tous d'accord, que si le testament est rompu par agnation de posthume, le codicil depuis fait luy redonne sa vigueur, non pas pour valoir, *jure directo, sed obliquo*, par forme de fideicommis, laissé *ab intestato herede.*

De la consideration des personnes, entre lesquelles Monsieur le Cardinal a testé ses heritiers legitimes.

Enfin la doctrine communément obseruée dans les Parlemens de Droit écrit, pour les testamens solemnels, ou nuncupatifs, est, qu'en testament fait en faueur des heritiers legitimes, & *ab intestat*, & non point au profit de personnes estrangeres, il suffit du nombre de cinq témoins ; c'est vne proposition qui a de bons garands : le Iurisconsulte en la loy, *Si duobus*. §. *si quis. ff. de contra tabul.* Et en la loy 2. *ff. de injusto rupto, &c.* Par cette raison que les deux causes de *testat*, *&* *intestat*, se fortifient & s'appuyent par leur concours, *Causa intestati fouet causam testati*; les autoritez de Iulius Clarus, question 97. nombre 2.

de Grassus, question 86. nombre 4. d'Automne, pour le Parlement de Bordeaux, sur la loy, *hac consultissima.* §. *ex imperfecto:* & le moderne, Maistre Antoine Espeisses, pour le Parlement de Toulouse, tome 2. section 4. C'est la conclusion du contredit de la seconde partie de l'inuentaire de Madame la Princesse qui regarde le testament.

Sous la cotte P, est vn acte du 18. Ianuier 1644. par lequel Madame la Princesse a esté autorisée à la poursuite de ses droits, sous l'autorité, non pas de Monsieur le Prince son époux, mais de feu Monsieur son beaupere; ce qui ne suffiroit pas, si depuis son deceds elle n'auoit esté autorisée par Monsieur le Prince son mary, par acte du 24. Nouembre 1646. qui se trouue au vingt-deuxiéme sac de l'instance.

Sous la cotte Q, ne se trouuent que les pieces de l'instruction de l'instance de partage, suiuant la requeste du 23. Ianuier 1644.

Sous la cotte R, les Lettres de rescision du 11. May 1644.

Sous la cotte S, la Requeste de Madame la Princesse, afin de sequestre, du 22. Mars ensuiuant, laquelle fut jointe par l'Arrest du 31. May.

Sous la cotte T, est ledit Arrest de reglement.

Sous la cotte V, des Lettres de compulsoire, & procés verbal fait ensuite.

Sous la cotte X, des Requestes d'employ, pour cause d'appel & de forclusion.

Sous la cotte Y, les forclusions.

Sous la cotte Z, vn employ des productions contraires.

Sous la cotte A A, vne Requeste d'employ pour contredits à la production de ladite Dame d'Eguillon.

Sous la cotte B B, des forclusions respectiues de contredire.

Sous la cotte CC, vn employ de saluations.

Sous

Sous la cotte D D, l'inuentaire.

Sous la cotte EE, vne Requeſte d'employ pour contredits à la production faite ſur le reglement de partage.

C'eſt où finit l'Inuentaire de Madame la Princeſſe, & le Contredit de Monſieur le Duc de Richelieu : il euſt eſté moins long ſi l'inuentaire euſt eſté plus court, ou ſi l'on auoit pû ſans ſcrupule, en vne affaire de cette importance, paſſer pluſieurs choſes pour non écrites qui ne meritoient pas que l'on y fiſt la moindre reflexion.

Si la conſideration des biens peut ſeruir de quelque choſe à la deciſion du differend des parties, la Cour obſeruera, que tout ce que Monſieur le Duc de Richelieu poſſede des biens de feu Monſieur le Cardinal ſon oncle, ne va pas au plus à ſoixante mille liures de rente, outre quelques droits qu'il a ſur le Roy : & que Madame la Princeſſe en a receu trois grands auantages ; l'vn, de quatre à cinq cens mille liures de debtes que le deffunt a payées en acquit de ſa maiſon ; l'autre, des ſix cens mille liures qu'il luy a donnez en dot ; & le troiſiéme, de tous ſes biens & droits paternels, tant en fonds que fruits, qu'il a ſtipulé luy eſtre conſeruez en leur entier, par l'vne des clauſes de ſon Contract de mariage.

Enfin, les grands ſeruices de Monſieur le Cardinal de Richelieu meritent bien que la conſolation qu'il a trouuée dans la liberté qu'ont tous les hommes, de faire vn heritier de leur nom, & de leurs biens, ne luy ſoit pas enuiée ; & moins encore de cette Maiſon auguſte qui touche de ſi prés l'Eſtat qu'il a ſeruy, & dans laquelle il a mis vne portion ſi conſiderable de ſes biens.

www.ingramcontent.com/pod-product-compliance
Lightning Source LLC
LaVergne TN
LVHW020030170826
845678LV00001B/197

* 9 7 8 2 3 2 9 7 3 0 5 0 9 *